Im Meer schwimmen Krokodile

Roman in Einfacher Sprache

Spaß am Lesen Verlag
www.spassamlesenverlag.de

Text Originalfassung: Fabio Geda
Text in Einfacher Sprache: Sonja Markowski

2. Auflage 2023

ISBN 978-3-944668-95-6

Fabio Geda

Im Meer schwimmen Krokodile

Roman in Einfacher Sprache

Schwierige Wörter oder Ausdrücke sind unterstrichen. Die Erklärungen stehen in der Wörter-Liste am Ende des Buches.

Inhalt

Vorbemerkung

Dieses Buch hat der italienische Schriftsteller
Fabio Geda geschrieben.
Aber erzählt hat die Geschichte Enaiatollah Akbari,
den alle nur Enaiat nennen.

In vielen Gesprächen hat Enaiat erzählt,
wie er nach Italien kam.
Denn Enaiat stammt aus Afghanistan und hat
eine lange und gefährliche Flucht hinter sich.
Der Schriftsteller Fabio Geda hat Enaiats Geschichte
dann aufgeschrieben.

Enaiat erzählt, wie seine Mutter ihn aus Afghanistan
fortbrachte, als er zehn Jahre alt war.
Weil das Leben in Afghanistan für ihn
zu gefährlich war.

Er erzählt die Geschichte von seiner Flucht und
davon, wie er als Kind ganz alleine in fremden
Ländern zurechtkommen musste.
Ohne Familie, ohne festes Zuhause.
Er erzählt von schwerer Arbeit, von Angst und
Verfolgung. Von religiösen Eiferern und von
Schleppern. Von Polizisten, die Geflüchtete jagen,
ihnen ihr Geld abnehmen und sie dann doch
abschieben.

Enaiat vergisst auch nicht zu erzählen,
wer ihm geholfen hat.
Wer freundlich und gut zu ihm war.
Und er bedankt sich in diesem Buch
bei all diesen Menschen.

Enaiat erzählt seine Geschichte, ohne zu jammern.
So, als ob sein Schicksal ganz normal ist.

Enaiats Schicksal ist ganz und gar nicht normal.
Aber seine Geschichte steht auch für die
Geschichten von vielen anderen Kindern
und Jugendlichen. Für die, die ganz alleine die
gefährliche Flucht nach Europa bewältigt haben.
Für die, die in fremden Ländern ganz alleine
um ihr Überleben kämpfen. Weil ihre Eltern sie
fortgeschickt haben. Nicht, weil sie ihre Kinder
nicht lieben. Sondern um sie zu schützen.

Auch das macht dieses Buch so besonders.

Unser Dorf: Nawa

Ich kann mich gut daran erinnern, wie schön unser Dorf war. In Nawa gab es keinen Strom. Wir hatten Petroleum-Lampen. Aber dafür gab es Obstbäume. Viele Obstbäume. Ich konnte zusehen, wie das Obst wuchs. Aus Knospen wurden Blüten. Aus Blüten wurden Früchte. Äpfel, Kirschen, Granat-Äpfel, Pfirsiche, Aprikosen und Maulbeeren.

Unser Haus hatte zwei Stockwerke. Unten gab es einen großen und einen kleinen Raum. Wir schliefen alle im großen Raum. Mein Vater und meine Mutter. Meine große Schwester, mein kleiner Bruder und ich. Wir hatten eine Feuerstelle, auf der wir auch kochten. Das Feuer wärmte im Winter unser Haus. Im Sommer bereiteten wir unser Essen draußen zu.

Wir besaßen eine Kuh und zwei Schafe. Auf unseren Feldern bauten wir Getreide an. Wir aßen Joghurt, den wir selbst gemacht hatten. Eine Mühle in der Nähe machte Mehl aus unserem Getreide.

Nachts konnte man die Sterne gut sehen. Jede Menge Sterne. Und den Mond.

Manchmal aßen wir bei Mondschein im Freien.
Um Petroleum zu sparen.

Das war Nawa.
Und ich wollte nie von dort weg.

Das Dorf liegt zwischen zwei Bergketten,
im Bezirk Jaghori. Das ist in Afghanistan.
In Afghanistan leben verschiedene Volksgruppen.
Die verschiedenen Gruppen sprechen
unterschiedliche Sprachen. Miteinander zu reden
ist darum nicht immer so einfach.
Fast alle gehören dem Islam an.
Doch die Volksgruppen verstehen den Islam
unterschiedlich. Sogar innerhalb der Volksgruppen
gibt es dabei Unterschiede.

In unserem Bezirk lebt nur die Volksgruppe
der Hazara. Unser Volk ist eine Minderheit in
Afghanistan. Die Paschtunen und die Tadschiken
sind größere Volksgruppen. Wir sehen ein bisschen
anders aus, und unsere Sprache ist auch anders.

Die meisten Menschen in Afghanistan gehören
der Volksgruppe der Paschtunen an.
Manche Paschtunen meinen:
„Hazara sind nichts wert.
Es sind Sklaven, die keine Rechte haben."

Sie fühlen sich den Hazara überlegen.
Darum war es für uns gefährlich,
unseren Bezirk zu verlassen.

Die Paschtunen zwangen meinen Vater,
für sie zu arbeiten.
So wie viele andere Männer auch.
Er musste ins Nachbarland Iran fahren.
Mit einem Lastwagen.
Dort sollte er Waren holen.
Die Paschtunen verkauften die Waren dann.
Wir Hazara können uns mit den Iranern
verständigen. Die Paschtunen nicht.
Und wir gehören derselben Glaubens-Richtung an.
Dann redet man eben leichter miteinander.
Darum wollten die Paschtunen
nicht selber in den Iran fahren.
Also schickten sie meinen Vater.

Sie drohten ihm und sagten:
„Wenn du nicht in den Iran fährst,
bringen wir deine Familie um.
Wenn du die Ware nicht zu uns bringst,
bringen wir deine Familie um.
Wenn irgendwas kaputt ist oder du zu wenig
mitbringst, bringen wir deine Familie um."
Mit anderen Worten:
Mein Vater durfte keinen Fehler machen.

Ich war etwa sechs Jahre alt, als mein Vater starb.
Keiner weiß genau, wie es passiert ist.
Wahrscheinlich wurde er überfallen und getötet,
als er aus dem Iran zurückfuhr.
Für die Paschtunen bedeutete das:
Ihre Ware war weg.
Darum kamen sie zu meiner Familie.
Sie wollten, dass wir die Ware ersetzen.

Erst gingen sie zu meinem Onkel,
dem Bruder meines Vaters.
Der machte den Paschtunen alle möglichen
Vorschläge. Doch sie konnten sich nicht einigen.
Danach kamen sie zu meiner Mutter.
Zum Glück waren mein Bruder und ich nicht da.
Denn die Paschtunen sagten:
„Wenn ihr nichts zahlen könnt,
dann nehmen wir deine Söhne mit. Als Sklaven."
Sklaven zu halten ist verboten.
Auf der ganzen Welt. Auch in Afghanistan.
Aber das war den Paschtunen egal.

Seitdem hatte meine Mutter keine ruhige Minute
mehr. Sie schickte uns zum Spielen nach draußen.
Dort waren wir sicherer als in unserem Haus.
Die Paschtunen wussten ja nicht,
wie mein Bruder und ich aussehen.
Zur Sicherheit gruben wir auch noch ein Loch.

Ganz in der Nähe der Stelle, an der wir die Kartoffeln lagerten. Dort konnten wir uns im Dunkeln verstecken, wenn jemand an die Tür klopfte. Obwohl das Versteck eigentlich sinnlos war: Wer uns etwas Böses wollte,
würde wohl nicht erst an die Tür klopfen.

Das war aber nicht das Einzige, was uns das Leben schwer machte. Es gab ja auch noch die Taliban.
Die Taliban-Kämpfer zwangen alle Menschen,
nach ihren strengen Regeln zu leben.
Das setzten sie mit Gewalt durch. Auch mit Mord.

Eines Morgens saß ich in der Schule und passte nicht auf. Ich dachte an andere Dinge als Lernen. Zum Beispiel an Buzul-bazi. Das ist ein Spiel, das man mit kleinen Ziegen-Knochen spielt.
Ähnlich wie Murmeln. An dem Nachmittag wollten wir ein Turnier spielen.

Der Lehrer versuchte gerade,
uns das Rechnen beizubringen.
Da hörten wir ein Motorrad um die Schule herumfahren. Der Motor ging aus.

Ein riesiger Mann kam ins Klassen-Zimmer.
Er hatte einen langen Bart, so wie alle Taliban.
Der Mann trug ein Gewehr.

Er rief:
„Diese Schule wird geschlossen!"
Mein Lehrer fragte:
„Aber warum?"

Der Mann antwortete: „Das hat man mir befohlen.
Ihr müsst gehorchen!"
Dann ging er hinaus.

Der Lehrer schwieg. Er war wie erstarrt.
Dann machte der Lehrer weiter mit den Aufgaben.
Mit derselben ruhigen Stimme wie vorher.
Und mit demselben schüchternen Lächeln.

Am nächsten Tag kam der Taliban-Kämpfer wieder.
Er fragte: „Warum habt ihr die Schule nicht
geschlossen? Das ist eine Sünde."

Mein Lehrer wollte wissen, wo wir Kinder denn
dann zur Schule gehen sollten.

„Nirgendwo", antwortete der Mann.
„Schule ist nichts für Hazara."

„Aber diese Schule schon", sagte mein Lehrer.

„Diese Schule verstößt gegen den Willen Gottes.
Ihr erzählt den Kindern Lügen", meinte der Mann.

Daraufhin sagte mein Lehrer:
„Wir bringen den Kindern bei, gute Menschen zu sein. Setzen wir uns doch und reden miteinander!"

Der Mann wollte nichts davon wissen.
Er lief durch unsere Reihen und atmete schnaufend.
Dann stieg er auf sein Motorrad und verschwand.

Der nächste Tag war ein schöner Tag im Herbst.
Die Sonne schien. Der erste Schnee duftete.
Wir lernten gerade ein Gedicht auswendig.
Da hielten zwei Jeeps vor der Schule.
20 bis 30 Taliban sprangen heraus.
Dann kam derselbe Mann ins Klassen-Zimmer, der schon zweimal da gewesen war.
Er sagte:
„Wir haben dir befohlen, die Schule zu schließen.
Du hast nicht auf uns gehört.
Dafür musst du nun büßen."

Die Taliban trieben uns aus der Schule.
Alle 200 Schüler und alle Erwachsenen.
Wir mussten uns im Kreis aufstellen.
Die Kinder in den vorderen Reihen, die Erwachsenen hinten. Der Rektor der Schule und unser Lehrer mussten in die Mitte.
Der Rektor umklammerte seine Jacke.
Er weinte und sah hilflos um sich.

Mein Lehrer sah uns Schüler
mit seinen schönen Augen an.
„Auf Wiedersehen, meine lieben Jungen", sagte er.
Dann erschossen die Taliban ihn.

Von dem Tag an war die Schule geschlossen.
Und das Leben wurde langweilig.

Einige Zeit später war ich zu groß, um mich in dem Loch bei unserem Haus zu verstecken.
Da beschloss meine Mutter, mich fortzuschicken.
Nur wusste ich das noch nicht.

„Viel Glück!“

Eines Abends kam ich vom Spielen auf den Feldern zurück. Ich war jetzt etwa zehn Jahre alt.
Mama sagte zu mir:
„Mach dich fertig. Wir verlassen Afghanistan.“

Ich dachte, dass wir einfach nur die Berge überqueren würden. Denn für mich war unser Land das Tal, in dem mein Dorf liegt. Ich hatte keine Ahnung, wie groß Afghanistan wirklich ist.

In einen Stoffbeutel packten wir Kleider
und etwas zu essen: Brot und Datteln.
Ich war furchtbar aufgeregt.
Doch ich durfte niemandem etwas erzählen.

Ein alter Freund meines Vaters kam. Er sagte:
„Wir müssen los. Der Mond scheint noch nicht.
Das ist gut, denn so sehen uns die Taliban nicht.“

Mein kleiner Bruder und meine große Schwester
kamen nicht mit.
„Wann kommen wir wieder, Mama?“,
wollte ich wissen.
„Bald“, antwortete sie.
„Wann, bald?“, fragte ich.
„Bald“, sagte Mama.

Ich dachte an mein Lieblings-Spiel. Buzul-bazi.
Ich wollte das Turnier nicht verpassen.
Also jammerte ich ein wenig deswegen.

„Zähl die Sterne“, sagte meine Mutter.
„Fang wenigstens damit an.
Sonst wirst du niemals fertig.“
Ich glaube, sie wollte mich einfach nur ablenken.

Mama, der Freund von meinem Vater und ich liefen los. Unterwegs sahen wir einen toten Esel.
Als wir eine Pause machten, warf ich Steinchen gegen eine Glocke. Sofort kam der Mann angerannt.
Krach machen war verboten.

Wir kamen auch an einem der gefährlichsten Orte in Afghanistan für Hazara vorbei.
Es gab schlimme Geschichten über diesen Ort.
Die Taliban dort nehmen durchreisende Hazara gefangen, erzählte man sich.
Die Taliban foltern dort Hazara.
Die Taliban stoßen Hazara lebend in den Brunnen.
Oder werfen sie hungrigen Hunden zum Fraß vor.

19 Männer aus meinem Dorf waren nicht mehr zurückgekommen. Der Bruder von einem der Männer hatte sich damals auf die Suche gemacht.
Er fand die Kleider seines Bruders.

Mit Knochen darin.
So ist das bei uns in Afghanistan.
Für die Taliban sind wir Hazara nichts wert.

Unterwegs sahen wir viele Lastwagen.
Männer, Frauen, Kinder.
Hühner, Stoffballen, Kanister mit Wasser.
Keine Ahnung, vor wem oder was sie alle
auf der Flucht waren.
Ein paar Mal durften wir ein Stück mitfahren.
Standen wir am Straßenrand und hörten
Motorenlärm? Dann versteckten Mama und ich
uns schnell in einem Graben. Der Mann hielt
den Wagen an und fragte, ob wir mitfahren dürfen.
Erst dann kamen Mama und ich heraus.

Unterwegs zählte ich Steine.
Und Brücken, die die Taliban gesprengt hatten.
Auch ausgebrannte Autos und Panzer zählte ich.
Ich wollte so gern zurück nach Nawa!
Buzul-bazi spielen mit meinen Freunden.

Nach 3400 Steinen waren wir in Kandahar.
Zum ersten Mal war ich in einer großen Stadt.
Die Lichter der Häuser und Laternen lenkten mich ab.
Überall waren Autos, Motorräder, Fahrräder, Läden
und viele Lokale. Dort konnte man Chai trinken.
Und von Mann zu Mann reden.

Alles war staubig und windig. Auf den Gehwegen
liefen so viele Menschen, dass ich dachte:
Da kann ja unmöglich noch jemand zu Hause sein.

Irgendwann sollten Mama und ich warten.
Der Mann sagte nur, dass er etwas regeln muss.
Es roch nach Fett. Ich zählte Autos.
Im Radio liefen Nachrichten. Ich hörte was von
einer Schießerei und von vielen Toten.
Ein Mann hob die Hände zum Himmel.
Er flehte Gott um ein wenig Gnade an.

Ich hatte Hunger. Doch ich bat nicht um etwas zu essen. Ich hatte Durst. Doch ich bat nicht um etwas zu trinken.

Der Mann brachte meine Mutter und mich zu einem anderen Mann. Dieser Mann sollte uns nach Pakistan fahren. In seinem Lastwagen.

„Viel Glück, kleiner Enaiat“, sagte der Mann
zum Abschied. Er küsste mich auf die Stirn
und umarmte mich.
Ich lächelte ihn an und wollte sagen:
„Bis bald!“
Doch dann dachte ich: „Viel Glück“ und „Bis bald“
passen nicht zusammen. Warum „Viel Glück“,
wenn man sich bald wiedersieht?

Stundenlang fuhren wir durch die Berge.
Über Stock und Stein.
Vorbei an Zelten, Märkten und Staubwolken.
Wir saßen auf der Ladefläche von dem Lastwagen.
Es war ein pakistanischer Lastwagen.
Das war günstig. An der Grenze kontrollieren sie
Lastwagen aus Pakistan nicht so oft.

Abends brachte der Fahrer uns Essensreste.
Wir durften nämlich nicht aussteigen.
Ich dachte an meinen Vater.
Er war auch lange Lastwagen-Fahrer gewesen.
Aber ihn hatten die Paschtunen dazu gezwungen.

Dann kamen wir in Quetta an.
Wir waren in Pakistan!
Wir schliefen in einer Herberge.
Auch tagsüber blieben wir in der Herberge.
Das war sicherer.
„Niemand kommt hier raus oder rein,
ohne dass ich es sehe", sagte der Besitzer.
Wir nannten ihn Onkel Rahim.

Am dritten Abend drückte meine Mutter meinen Kopf
an ihre Brust. Länger als sonst. Sie sagte:
„Drei Dinge darfst du nie im Leben tun, Enaiat.
Niemals, versprich es mir.
Erstens: Du darfst keine Drogen nehmen.

Hör nicht auf die Leute, die sie dir verkaufen wollen.
Zweitens: Du darfst keine Waffen benutzen.
Auch nicht, wenn jemand dich oder deine Ehre beleidigt. Greife nie zu einer Pistole, einem Messer, einem Stein. Nicht mal zu einem Holzlöffel, wenn du damit jemanden verletzen willst.
Drittens: Du darfst nicht stehlen.
Was dir gehört, gehört dir.
Was dir nicht gehört, gehört dir nicht.
Brauchst du Geld zum Leben? Arbeite.
Auch wenn es mühsam ist.
Sei gastfreundlich und großzügig. Versprich es mir!"

„Versprochen", antwortete ich.

Mama erzählte von Träumen und Wünschen.
Sie schaute aus dem Fenster und drückte mich an sich. Sie sagte, dass man immer einen Wunsch vor Augen haben muss. Und dass man dann den Willen spürt, um den Wunsch wahr zu machen.
Dadurch fühlt man sich stark.

Sie sagte all das mit einer leisen, sonderbaren Stimme. Sie sagte sonst nie so viel.

Am nächsten Morgen war sie weg.
Ich suchte nach dem vertrauten Körper neben mir.
Nach dem Duft ihrer Haut, der mich so beruhigt.

Immer wieder rief ich nach ihr. Doch sie war weg.
Draußen hörte ich den Lärm der Stadt.
Quetta war so viel lauter als Nawa.

Ich lief zu Onkel Rahim.
Er las Zeitung und rauchte eine Zigarette.
Auf dem Tisch stand eine Schale mit Obst.
Ich entschuldigte mich für die Störung.
„Hast du meine Mutter gesehen?", fragte ich.

Der Mann sagte ohne aufzublicken:
„Ja, ich habe sie gesehen."

Ich war froh.
„Wo ist sie hingegangen?", wollte ich wissen.

„Fort", antwortete er.

„Wohin fort? Wann kommt sie wieder?", fragte ich.

„Sie kommt nicht wieder", sagte Onkel Rahim.

Da war ich sprachlos.
Mir fielen keine Fragen mehr ein.
Dann sagte der Mann noch etwas:
„Ich soll dir noch etwas von ihr sagen:
Du sollst immer an die drei Dinge denken,
die du ihr versprochen hast."

Ich setzte mich in einer ruhigen Ecke auf den Boden und dachte nach.
Aber in meinem Kopf war nur ein riesiges Durcheinander.

Irgendwann gingen die Straßen-Laternen an.
Mein Kopf tat weh.
Meine Arme und mein Bauch auch.

In Quetta

In Quetta gab es viele Hazara.
Das hatte ich in den Tagen davor schon bemerkt.
Mama hatte sich mit manchen unterhalten.
Ich hörte, dass sie einen anderen Dialekt sprachen.
Ein Gespräch mit ihnen war also schwierig.
Ich konnte sie nichts fragen, sie um nichts bitten.
Sie konnten mir nicht helfen.

Ich fragte Onkel Rahim,
ob ich bei ihm arbeiten kann.
„Ich tue alles. Boden wischen, Schuhe putzen. Egal",
sagte ich.

Er tat so, als hätte er mich nicht gehört.
Nach einer Weile sagte er:
„Aber nur heute."

„Nur heute?", antwortete ich.
„Und was ist morgen?"

„Morgen musst du dir eine andere Unterkunft
suchen."

Ich guckte mir seine langen Wimpern an.
Und die Zigarette zwischen seinen Lippen.
Er trug Pantoffeln und einen weißen Pirhan,

eine Art Umhang. Eigentlich wollte ich einfach weinen. So laut, dass mir die Lunge platzt. Doch ich bedankte mich nur bei Onkel Rahim. Das Weinen ließ ich lieber bleiben.

Ich schlief mit angezogenen Knien. Besser gesagt: Mein Körper schlief. Doch mein Geist war wach. In meinem Traum lief ich durch die Wüste. Am nächsten Morgen wachte ich nervös auf. Denn ich wusste: Heute muss ich weg, fort aus der Unterkunft, auf die Straße. Was ich bisher von der Straße gesehen hatte, gefiel mir gar nicht: Motorräder und Autos, stinkendes Abwasser in der Rinne zwischen Gehweg und Straße.

Ich wusch sorgfältig mein Gesicht.
„Wohin gehst du?“, wollte Onkel Rahim wissen.

„Ich gehe fort“, antwortete ich.
„Wohin?“, fragte er.

Ich zuckte die Achseln.
„Keine Ahnung. Ich kenne die Stadt nicht. Ich weiß nicht mal, ob ich nach links oder rechts gehen soll.“

„Ich habe nachgedacht“, sagte Onkel Rahim.
„Ich kann dich nicht bezahlen. Jedenfalls nicht mit

Geld. Aber du bist gut erzogen. Wenn du willst, darfst du hierbleiben. Du darfst hier schlafen, und du bekommst etwas zu essen.
Dafür musst du für mich arbeiten.
Von früh bis spät. Egal, was ich von dir verlange.
Verstanden?“

Ich lächelte breit.
„Mögest du so lange leben wie die Bäume“, antwortete ich erleichtert.

Mein erster Arbeitstag war die Hölle.
Ich musste alles Mögliche tun. Niemand erklärte mir was. Dabei wusste ich gar nichts.
Ich kannte niemanden. Und ich traute mich auch nicht, jemanden zu fragen.
Ich verstand ja auch kaum jemanden richtig.
Die Arbeit nahm kein Ende. Ich wartete auf den Mond, der das Ende des Arbeits-Tages anzeigt.
Aber vielleicht gab es den gar nicht in Quetta.
Als ich mich abends schlafen legte, fühlte ich mich ganz zerschlagen.

„Enaiat, Enaiat, komm schnell!“, hörte ich Onkel Rahim rufen.
„Nimm den Eimer! Der Abwasser-Kanal draußen ist verstopft! Hol Eimer und Lappen!
Den Stock habe ich schon!“

Gleichzeitig rief mich ein anderer Mann,
der in der Küche der Herberge arbeitete:
„Enaiat! Enaiat! Du musst mir helfen!
Zwiebeln und Melonen sind aus!
Du musst zum Markt gehen und welche kaufen!"

„Enaiat, wo bleibst du?", rief Onkel Rahim.
„Nein, nicht die neuen Lappen! Dummkopf!
Die anderen, aus dem Hof! Das Abwasser läuft mir
in die Herberge! Enaiat!"

Ich holte die Lappen aus dem Hof.
Damit musste ich den Spalt zwischen Tür und
Gehsteig verschließen. Dann befahl mir Onkel
Rahim, in den Abwasser-Kanal zu steigen.
Ich sollte das Zeug rausholen,
das den Kanal verstopfte.

Ich weigerte mich.
Es gibt Dinge, die ich einfach nicht machen kann.

Da fing Onkel Rahim an zu schreien:
„Wenn ich das kann, dann kann ein kleiner Junge
wie du das doch auch!"

Ich antwortete:
„Da schwimmen eklige Dinge drin,
die sind sogar größer als ich!"

Irgendwann kamen andere Männer,
um Onkel Rahim zu helfen.
In den Tagen darauf ging ich ihm aus dem Weg.

Die Männer aus der Küche merkten irgendwann,
dass ich keinen Ärger machte.
Darum bekam ich eine neue Aufgabe:
Ich durfte Laden-Besitzern rund um die Herberge
ihren Chai bringen.
Zuerst hatte ich Angst, etwas falsch zu machen.
Oder ich dachte, dass sie mich betrügen würden.
Zum Beispiel, indem sie mir zu wenig Geld geben.
Doch ich lernte dazu. Und eigentlich hätte mir
nichts Besseres passieren können.

Ein Geschäft war in der Nähe einer Schule.
Jeden Morgen brachte ich dem Besitzer Chai und
Brot. Ich begrüßte ihn freundlich und stellte das
Tablett ab. Dann zählte ich schnell das Geld.

Auf dem Rückweg ging ich nicht direkt zur
Herberge. Ich lief bei der Schule vorbei und wartete
auf die Pause. Dann rannten alle Kinder schreiend
auf den Schulhof.
Ich stellte mir vor, ich bin einer von ihnen.
Ich stellte mir vor, ich rufe meine Freunde in Nawa.
Ich stellte mir vor, ich spiele mit ihnen Fußball.
Ich stellte mir vor, ich rede mit ihnen über Buzul-bazi.

An manchen Tagen brachte ich den Chai schon früher. Dann konnte ich sehen, wie die Schüler sauber und gekämmt zur Schule kamen.
Wie sie sich von ihren Eltern verabschiedeten.
In solchen Momenten hasste ich sie.
Ich war so neidisch!

Doch in der Pause wollte ich wieder ihre Stimmen hören.
Denn hören ist nicht so schmerzhaft wie sehen.

Der Bauchladen

Nach ein paar Monaten hatte Onkel Rahim verstanden, dass ich wirklich ein guter Junge war. Und das sage ich nicht, um mich selber zu loben. Ich trug den Chai aus, ohne etwas fallen zu lassen. Das Wechselgeld stimmte. Manchmal brachte ich sogar mehr Geld zurück. Denn manche Laden-Besitzer gaben mir Trinkgeld. Damals wusste ich noch nicht, dass ich das behalten durfte. Darum gab ich Onkel Rahim das ganze Geld.

Eines Tages gab es einen Sandsturm. Ein Laden-Besitzer lud mich ein, bei ihm zu warten. Gemeinsam tranken wir Chai. „Du arbeitest schon eine ganze Weile in der Herberge, oder?“, wollte der Mann wissen.

„Fast ein halbes Jahr“, antwortete ich.

„Noch nie ist jemand so lange bei Onkel Rahim geblieben“, sagte er. „Das bedeutet, dass er zufrieden ist! Ich möchte dich etwas fragen. Bist du mit der Arbeit zufrieden?“

„Ob ich zufrieden bin, dass Onkel Rahim mir Arbeit gegeben hat? Natürlich!“

Der Mann schüttelte den Kopf.
„Das meine ich nicht", sagte er.
„Ich meine: Gefällt dir die Arbeit?
Oder hast du schon mal daran gedacht,
etwas anderes zu machen?"

Ich antwortete:
„Ja, habe ich. Ich kann mir vorstellen,
dass ich als Verkäufer arbeite.
So wie die Jungen mit den Bauchläden.
Daran dachte ich gleich, als ich herkam.
Aber am Anfang konnte ich ja die Sprache noch
nicht gut genug. Jetzt schon. Aber ich wüsste nicht,
wovon ich die Ware kaufen sollte."

„Hast du denn nichts gespart?", wollte der Mann
wissen. „Du bekommst doch Geld für deine Arbeit
bei Onkel Rahim?"

„Ich bekomme kein Geld. Nur einen Platz zum
Schlafen und etwas zu essen", antwortete ich.

„Wirklich? Ich könnte ihn umbringen!
Dieser Geizhals zahlt dir nichts?", rief der Mann.
„Hör zu. Ich mache dir einen Vorschlag. Ich kaufe
Ware, die du verkaufen kannst. Wir teilen uns,
was du verdienst. Bekommst du 20 Rupien,
bekomme ich 15 und du 5. Na, was sagst du?"

Ich überlegte mir, wo ich dann schlafen sollte. Onkel Rahim würde mich dann natürlich wegschicken. Doch der Laden-Besitzer sagte, dass es in der Stadt genug Orte zum Schlafen gibt.

Ich wollte kurz über das Angebot nachdenken. Auf dem Schulhof war gerade Pause. Vielleicht konnten mir die Stimmen der Kinder helfen.
Ich zweifelte. Denn ich war klein.
So klein wie ein Holzlöffel. Man konnte mich einfach so umpusten und berauben.
Auf der anderen Seite: eigenes Geld ...

Ich nahm das Angebot an.
Onkel Rahim wurde nicht einmal wütend.
Er sagte sogar, dass es eine gute Idee ist.
Und dass ich wiederkommen darf, wenn mal was ist. Dafür war ich ihm sehr dankbar.

Der Laden-Besitzer und ich fuhren an den Rand der Stadt. Er kaufte Brote, Kaugummis, Socken und Feuerzeuge. Wir legten alles in einen Pappkarton. Daran befestigten wir eine Schnur, sodass ich mir den Karton umhängen konnte:
mein eigener Bauchladen!

Der Laden-Besitzer gab mir ein paar Ratschläge: Mit wem ich reden darf und mit wem nicht.

Wo ich verkaufen kann und wo nicht.
Was ich machen soll, wenn die Polizei kommt.
Und vor allem: Dass ich mich nicht beklauen lassen darf. Dann wünschte er mir viel Glück.

Ich rannte die Straße hinunter.
Erst lief ich an der Schule vorbei, aus alter Gewohnheit. Ich wollte die Stimmen der Kinder hören. Wie sie Fußball spielen.
Als ihre Pause vorbei war, lief ich weiter.
Den Bauchladen hielt ich gut fest.
Niemand sollte mich beklauen. Ich machte mich auf den Weg zum Basar in der Innenstadt.

Überall war ein Durcheinander aus Menschen, Fahrrädern und Autos.
Aus Stimmen, Schreien, Rauch und Gerüchen.

Der erste Tag als Verkäufer war schlimm.
Am Abend hatte ich nichts verkauft.
Entweder konnte ich es einfach nicht,
oder meine Ware war nicht gut genug.
Vielleicht gab es einen Trick,
den ich noch nicht kannte.

In einem Schaufenster stand ein Fernseher.
Ich weiß nicht mehr, welche Sendung lief.
Eigentlich dachte ich an gar nichts.

Erschöpft starrte ich durch die Scheibe auf den Fernseh-Bildschirm. Dadurch bemerkte ich erst gar nicht, was geschah: Eine Hand näherte sich meinem Karton. Sie nahm eine Packung Kaugummi heraus und verschwand.

Ich drehte mich um. Eine Gruppe Paschtunen stand vor mir. Sechs oder sieben Jungs.
Sie standen mitten auf der Straße und lachten.
Einer spielte mit meiner Packung Kaugummi.
Das war wohl der Anführer.
Auch er hatte einen Bauchladen.
Wir fingen an zu streiten.
Er in seiner Sprache, ich in meiner.
„Gib mir meine Kaugummis zurück!", rief ich.
„Hol sie dir doch!", rief er zurück.

Ich war viele kleiner als die anderen Jungs.
Und ich war alleine.
Sollte ich mich mit dem Anführer anlegen?
Er würde mir bestimmt alle Knochen brechen.

Aber wie sollte ich dem Laden-Besitzer erklären, dass ich schon am ersten Tag bestohlen wurde?
Ich wollte schon aufgeben.
Da kamen plötzlich wie aus dem Nichts andere Hazara-Jungs.
Erst einer, dann zwei, dann drei.

Es wurden immer mehr. Sie sprangen von den Dächern. Sie kamen aus den Gassen. Auf einmal waren wir in der Überzahl. Die meisten Paschtunen rannten weg. Nur der Anführer und zwei andere blieben stehen.

Der Anführer und ich prügelten uns. Wir rollten über den Boden. Ich bekam zwei Fausthiebe. Doch mir gelang es, ihm ein Paar Socken wegzunehmen. Ich bekam einen Tritt in den Magen. Mir blieb die Luft weg. Dann verschwand der Junge mit seinem Bauchladen. Er hatte die Kaugummis. Aber ich hatte die Socken. Die waren mehr wert.

Einer der Hazara-Jungen half mir beim Aufstehen. „Ich hätte eure Hilfe bei der Prügelei gut gebrauchen können", sagte ich vorwurfsvoll.

„Dann wäre es nächstes Mal nur noch schlimmer geworden", antwortete der Junge. „So hast du bewiesen, dass du dich verteidigen kannst."

„Meinst du?", antwortete ich und gab ihm die Hand. „Trotzdem danke. Ich heiße Enaiatollah." „Sufi", sagte der Junge.

Genug

Ich freundete mich mit Sufi an.
Er redete nicht viel.
Trotzdem machte er oft mehr Unsinn als andere.
An einem Abend setzte er sich auf ein Motorrad.
Das stand da an einem Pfahl festgekettet.
Er wollte es nicht klauen, einfach nur mal
draufsitzen. Doch plötzlich ging der Motor an.
Das Motorrad machte einen Satz nach vorn.
Sufi landete in einem Obst-Stand.

Tag für Tag trafen wir uns mit anderen Jungs auf
dem Markt. Gemeinsam kauften wir was zu essen:
Joghurt mit Schnittlauch, Brotfladen,
Obst und Gemüse.

Ich arbeitete weiter auf dem Basar.
Die Arbeit machte mir nicht wirklich Spaß.
Die Kunden kamen nicht zu uns wie in einem Laden.
Wir mussten uns vor sie stellen. Oder neben sie.
Wir mussten sie überreden, dass sie was kaufen.
Ich fühlte mich wie eine lästige Fliege.

Aber irgendwie musste ich überleben.
Mit der Zeit gingen die Geschäfte besser.
Ich hatte mir Tricks ausgedacht: Ich ging zum
Beispiel zu Leuten mit einem kleinen Kind.

Dann biss ich in ein Brötchen und gab es dem Kind.
Dann sagte ich den Eltern:
„Schaut nur! Das Kind hat mir heimlich ein Brötchen weggenommen! Ihr müsst es bezahlen!“

Oder ich kniff dem Kind leicht in den Arm.
Wenn es dann heulte, sagte ich zu den Eltern:
„Kauft dem Kind etwas, um es zu trösten!“

Oft dachte ich daran,
was wohl meine Mutter dazu sagen würde:
„Du sollst nicht betrügen.“

Und dann war da noch das Problem mit dem Schlafplatz. Wir Bauchladen-Jungs schliefen am Rand der Stadt.
Dort gab es verlassene, kaputte Häuser.
Außerdem viel Müll, Drogen-Abhängige, Feuer.
Morgens wachte ich dreckig auf.
Nach dem Aufstehen lief ich in die Moschee, um mich zu waschen.
Danach lief ich an der Schule vorbei. Jeden Tag.
So, als ob ich nicht schwänzen wollte.

Eines Tages ging ich zum Laden-Besitzer und sagte:
„Ich will mit dem Verkaufen aufhören
und mir eine andere Arbeit suchen.
Denn ich will nicht mehr auf der Straße schlafen.“

Schweigend nahm er einen Zettel.
Er rechnete aus, wie viel Geld ich verdient hatte.
Ich konnte es kaum glauben.
Es war ganz schön viel. Ich bekam Scheine und Münzen. Ich hatte noch nie so viel Geld gesehen.
In meinem ganzen Leben nicht.

Dann sagte der Laden-Besitzer:
„Wenn es nur ums Schlafen geht:
Du kannst hier im Laden schlafen.
Du kommst, wenn ich abschließe.
Und du gehst, wenn ich morgens aufschließe."

Ich schaute mich um. Der Raum war sauber.
Auf dem Boden lagen Teppiche.
Es gab kein Wasser und kein Bad. Aber in der Nähe lag die Moschee, in der ich mich waschen konnte.

Aber ich war die ganze Nacht eingesperrt.
Denn ich bekam keinen Schlüssel.
Manchmal langweilte ich mich.
Darum las ich alle Zeitungen, die im Geschäft lagen.
Ich suchte nach Nachrichten über Afghanistan.

An einem Morgen im Winter sah ich in den Himmel, so wie immer. Es sah aus, als würde es bald schneien. So wie in Nawa. Doch es schneite nicht.
Es war eiskalt, aber es schneite nicht.

Es schneite nie in Quetta.
Als ich das begriff, weinte ich.
So sehr wie noch nie zuvor.

An diesem Morgen ging ich in ein Geschäft.
Dort verkauften sie Teller und Gläser.
Ich bat um ein Glas Wasser. Der Laden-Besitzer
guckte mich an wie ein Stück Dreck.

„Wer bist du überhaupt?“, fragte er.
Als ob er meinte: Du bist ein Fremder.
Du gehörst nicht zu uns. Er wollte wissen,
welcher Glaubens-Richtung ich angehöre.
„Bist du ein Schiit oder ein Muslim?“, fragte er.

Die Frage war wirklich dumm. Denn ein Schiit IST
ein Muslim. Schiiten deuten den Glauben nur auf
eine bestimmte Art und Weise.

Ich verlor meine Geduld. Obwohl ich nur ein kleiner
Junge war, nicht viel größer als eine Ziege.
„Erstens bin ich ein Schiit. Zweitens ein Muslim.
Besser gesagt: Erstens bin ich ein Hazara. Zweitens
ein Schiit. Und drittens ein Muslim“, sagte ich frech.

Der Mann nahm einen Besen und verprügelte mich.
Ich rannte schreiend aus dem Geschäft.
Teils schrie ich vor Wut, teils vor Schmerz.

Ich nahm einen Stein und warf ihn in das Geschäft.
Es war ein verdammt guter Wurf.
Der Stein zertrümmerte alles im Regal
hinter dem Ladentisch. Dann lief ich weg.

An jenem Nachmittag ging ich zu den Indern, um
Suppe zu essen. Auf einem staubigen kleinen Platz
stand der große Topf.
Die Menschen aßen im Stehen.
Ich hatte mehr verdient als sonst.
Darum wollte ich mir etwas gönnen.
Die Suppe war eine besondere Suppe.
Mit langen dünnen Nudeln und Hülsen-Früchten.
Man nennt sie Ash.

Ich hatte gerade meine Schale bekommen.
Der erste Löffel schmeckte wunderbar.
Da kam ein Mann mit langem Bart auf mich zu.
Er schnappte sich meinen Teller Suppe und drehte
ihn um. Dabei hatte ich die Suppe bezahlt.
Es war meine Suppe!

Wahrscheinlich war der Mann sehr gläubig.
Und wahrscheinlich war er der Meinung,
dass ich so eine Suppe nicht essen darf.
Ich hatte genug von alledem.
Von den sehr Gläubigen mit den strengen Regeln.
Von den Polizisten, die uns ständig anhielten.

Die unsere Pässe sehen wollten,
die wir nicht hatten.
Die deswegen unser Geld haben wollten,
weil sie uns sonst verprügeln würden.

Ich hatte es satt, mein Leben aufs Spiel zu setzen.
Jeder Tag war gefährlich für mich.
Einmal bin ich nicht in die Moschee gegangen.
Das hat mir mein Leben gerettet.
Genau an dem Tag ging dort eine Bombe hoch.
Es gab 19 Tote.
Ich wollte nicht mehr in Pakistan bleiben.

Viele Jungen wollten in den Iran.
Manche waren schon dort gewesen.
Sie erzählten, dass es dort besser ist als in Pakistan.
Dass es mehr Arbeit gibt.
Und außerdem sind die meisten Menschen dort
Schiiten. So wie wir.
Dadurch würde es bestimmt weniger Streit geben.
Obwohl ich finde, dass man ALLE Menschen gut
behandeln muss.
Egal, welchen Pass oder Glauben sie haben.

Ich glaubte damals alles, was man mir erzählte.
Also auch, dass es im Iran besser ist.
Hier stanken wir Hazara wie die Ziegen.
Wir hatten dreckige Kleider an.

Aus dem Iran kamen manche Jungs
mit schicken Turnschuhen zurück.
Und mit sauberen Kleidern.

Und so beschloss ich, in den Iran zu gehen.

Schlepper

Ich fragte Onkel Rahim von der Herberge um Rat.
Er meinte, das sei eine gute Idee.
Er schrieb einen Namen auf einen Zettel.
Dann sagte er:
„Mit ihm musst du reden."

Es war der Name eines Schleppers.
Ich sollte mich als Freund von Onkel Rahim vorstellen. Dann würde der Schlepper mich nicht betrügen. Onkel Rahim schenkte mir etwas zu essen. Dann wünschte er mir eine gute Reise.

Ich verabschiedete mich vom Laden-Besitzer und bedankte mich. Dann erzählte ich den anderen Jungs von meinen Plänen.
Manche fanden meinen Plan gut.
Andere warnten mich.

„Viele kommen um, weil die Polizei an der Grenze auf sie schießt", sagte einer.
„Es heißt aber auch, dass es dort gute Arbeit gibt", sagte ein anderer.

„Das sind alles nur Gerüchte", antwortete ich.
„Man muss es mit eigenen Augen sehen, was stimmt und was nicht."

Sufi kaute auf ein paar Datteln. Wie ein Kamel.
Er schwieg ein paar Minuten. Dann fragte er:
„Bist du dir sicher, dass das eine gute Idee ist?“

Ich zuckte die Achseln. Ich wusste nur eines:
Ich wollte hier weg.
„Ich komme mit, Enaiat“,
sagte Sufi nach einer Weile.

Und so gingen wir zusammen zu dem Schlepper.
Er saß in einem Raum, der mit Rauch gefüllt war.
Die Männer tranken Chai.
Der Schlepper wollte sofort Geld sehen.
Wir legten unser ganzes Geld auf einen Haufen.

„Das reicht nicht mal bis zur Grenze“, sagte er.
„Doch es gibt eine Lösung. Ich bringe euch
in den Iran. Aber dort müsst ihr arbeiten,
wo ich es sage. Ich behalte euren Lohn ein.
So lange, bis ihr die Schulden abbezahlt habt.“

Wir waren einverstanden.
Am nächsten Morgen liefen wir mit dem Schlepper
in einen kleinen Ort. Von dort aus fuhren wir mit
einem normalen Bus bis zur Grenze.
Mit einer Fahrkarte. Danach schlossen wir uns
einer größeren Gruppe an. Wir quetschten uns alle
auf die Ladefläche von einem Lastwagen.

Die Fahrt ging über Stock und Stein.
Man musste aufpassen, dass man nicht herunterfiel.
Ein Mann mit Bart versuchte ständig,
mich vom Lastwagen zu schubsen.
Ich weiß nicht, warum.
Irgendwann stand ein anderer Mann auf.
Er schlug dem Mann mit Bart ins Gesicht und sagte:
„Lass den Jungen in Ruhe! Er hat dir nichts getan.
Wir wollen alle heil ankommen!"
Da hat der Mann mit Bart Ruhe gegeben.

Nach vielen Stunden mussten wir aussteigen.
Es war dunkel. Sogar der Mond hatte sich versteckt.
Die Schlepper schickten uns in eine Höhle.
Immer nur fünf zugleich durften über die Grenze.
Wieder wurden wir in einen Lastwagen geladen.
Sufi sollte sich hinten hinsetzen.
Ich machte mich vorne ganz klein.
Gerne hätte ich nach draußen geschaut.
Doch nun saß ich unter den Füßen
der anderen Mitfahrer.

Endlich waren wir im Iran. Die Stadt hieß Kerman.
Wir kamen in ein Haus mit zwei Stockwerken.
Im Innenhof waren Pflanzen.
Doch spielen durften wir dort nicht.
Im ersten Stockwerk gab es ein Bad mit Dusche.
In den zwei Zimmern lagen Kissen und Teppiche.

Die Fenster waren jedoch zugehängt.
Überall waren Menschen. Nicht nur die Schlepper und wir. Auch andere, die ich nicht kannte.
Ein Mann versuchte, ein Kind zu trösten.
Ein Schlepper machte ein langes Messer sauber.
Viele rauchten. Frauen waren keine da.

Wir bekamen Reis und Huhn. Ich fing an zu zittern. Vielleicht weil das Haus so schön war.
Vielleicht weil wir Reis und Huhn bekamen.
Vielleicht wegen beidem.
Ich war überwältigt von meinen Gefühlen.
Mir war heiß und kalt zugleich. Ich schwitzte.
Mein Atem pfiff. Ich zitterte immer mehr.

„Was hast du?", fragte Sufi. „Bist du krank?"

„Ich fürchte", antwortete ich. „Hole den Mann, der mich im Lastwagen beschützt hat!"

Der stellte fest, dass ich Fieber hatte.
„Kann er daran sterben?", wollte Sufi wissen.

„Wer weiß, kleiner Hazara", sagte der Mann.
Hoffen wir das Beste. Er muss sich ausruhen."

Dann legte er mir nasse, kalte Tücher auf die Stirn.
Er sagte sanfte Worte, die ich nicht verstand.

Ich glaubte, dass ich in Nawa bin. Dass es schneit. Und dass mir meine Mutter über meine Haare streicht. Ich dachte an meinen toten Lehrer, seinen gütigen Blick.
Dann bin ich eingeschlafen.

Ich wurde noch kränker.
An manche Tage kann ich mich gar nicht mehr erinnern. Ich hatte Angst, ins Nichts zu stürzen.
Ich konnte mich nicht bewegen.
Eine Woche lang habe ich nur Melonen gegessen.
Ich wollte die ganze Zeit trinken.
Meine Kehle brannte.

Die Schlepper konnten mich nicht zum Arzt bringen. Ich durfte ja eigentlich nicht im Iran sein.
Jemand gab mir kleine weiße Tabletten.
Keine Ahnung, was das war.
Nach einer Woche ging es mir besser.

Eines Morgens sollten wir unsere Sachen packen.
Wir gingen zum Bahnhof von Kerman.
Wir stiegen in einen Zug. Der Zug fuhr nach Qom.
Es war ein schöner, sonniger Tag.
Sufi und ich waren noch am Leben. Und im Iran.

Der Iran kam mir grüner vor als Pakistan oder Afghanistan. Es war eine wunderbare Fahrt.

Die Sitze waren sauber und weich.
Man konnte gut auf ihnen schlafen.
Die Schlepper saßen ein paar Reihen hinter uns.
Sie hatten uns gesagt:
„Fragt jemand, ob wir uns kennen?
Dann sagt ihr nein! Und wenn Polizisten sagen,
dass ihr mitgehen sollt? Dann geht ihr mit!"

In Qom stiegen wir aus. Wir stiegen in einen Bus.
Nach einer Weile fuhr der Bus langsamer.
Wir bekamen Angst.
Angst, dass es eine Polizei-Kontrolle gibt.
Doch es waren nur Schafe, die im Weg standen.
Dann kamen wir in Isfahan an.
Dort sollten wir arbeiten.
Denn die Verabredung war ja klar:

Wir müssen dort arbeiten, wo der Schlepper uns
hinschickt. Bis wir sein Geld verdient haben.
Das Geld, das er für seine Hilfe bei der Flucht
in den Iran von uns bekommt.

Bisher war alles gut gegangen.
Doch jetzt wurde es spannend.
Wo und was sollten wir wohl arbeiten?
Wir kamen zu einer Baustelle am Stadtrand.
Dort wurde ein riesiger Wohnblock mit vielen
Stockwerken gebaut.

Mehrere Firmen waren am Bau beteiligt.
Jeder musste einen bestimmten Abschnitt fertigstellen. Es war sehr heiß und staubig.

Beim Weggehen sagte der Schlepper zu uns:
„Passt auf!"
Mehr nicht.
Dann nahm er seine Tasche und ging.

Auf der Baustelle

Der Bauleiter hatte ein sauberes Hemd.
Sein Bart sah gepflegt aus.
Er kratzte sich am Kopf und fragte:
„Was könnt ihr?“

„Nichts“, antworteten wir ehrlich.
Wir liefen mit dem Mann in eine Wohnung,
die noch nicht fertig war.

„Hier wohnen unsere Arbeiter“, sagte er.
Türen und Fenster waren mit Folie abgedichtet.
Es gab kein Wasser und kein Gas.
Ein Kabel lief an der Hauswand hoch und
durchs Fenster. Bis zu einer Glühbirne,
die an der Decke hing.

„Holt Sand“, befahl uns der Mann.
Den Sand mussten wir in eine Ecke schütten.
Über den Sand rollten wir einen Teppich.
Das war unser Schlafplatz.

„Wenn es Probleme gibt, sagt mir Bescheid“,
sagte der Mann. „Versucht nicht, sie allein zu lösen.
So, jetzt kommt mit.
Ich stelle euch den anderen Arbeitern vor.
Und tut, was ich euch sage.“

Es gab Maurer, Zimmerleute, Elektriker.
Keiner hatte Papiere.
Alle lebten in den unfertigen Wohnungen.
Niemand verließ die Baustelle.
Auch Sufi und ich waren die ersten Monate nur dort.
Wir hatten Angst vor der iranischen Polizei.

Und wir hatten Angst,
in einem der gefürchteten Lager zu landen.
Dort brachte die Polizei manche Illegale hin.
Von diesen Lagern hörte man
die schrecklichsten Dinge.
Es waren Orte ohne Hoffnung.
Orte, vor denen alle Angst hatten.
Viele verschwanden dort
und kamen nicht lebend zurück.
Einer erzählte, dass die Polizei dort Menschen
in Planen einwickelt.
Und dann vom Berg in den Abgrund wirft. Lebend.

Doch einmal in der Woche musste jemand
einkaufen gehen.
Einer, der schon länger da war und sich auskannte.
Derjenige nahm ein Taxi.
Dann fuhr er in einen Laden, in dem es fast alles
gab. Danach kam er sofort zurück.
Die Ausgaben wurden geteilt.
Wir kochten gemeinsam und aßen gemeinsam.

Ich arbeitete elf bis zwölf Stunden am Tag.
Aber es gab ja auch nichts,
was wir sonst tun konnten.
Es ging mir gut auf der Baustelle.
Das lag an den anderen Männern.
Sie waren immer freundlich und gut zu mir
und fast wie eine Ersatz-Familie.

Auch mit der Bezahlung ging alles gut.
Vier Monate lang bekam der Schlepper das Geld.
Danach Sufi und ich.

Ich erinnere mich an meinen ersten Lohn.
Ich bezahlte meinen Anteil an den Einkäufen.
Danach hatte ich noch 35.000 Toman übrig.
So hieß damals das Geld im Iran.
Umgerechnet sind das ungefähr 35 Euro.

Ich hatte zwar Angst.
Aber trotzdem schlich ich mich zu einem Geschäft.
Es lag ganz in der Nähe.
Dort ließ ich mir die Geldscheine wechseln.
In Münzen. Dadurch hatte ich das Gefühl,
noch mehr Geld zu haben.
Ich fand eine Geldkassette,
die ich abschließen konnte.
Jeden Abend zählte ich meine Münzen.
Ich stapelte sie zu hohen Türmen auf.

Irgendwann passte mein Geld nicht mehr
in die Kassette. Darum steckte ich es in eine Tüte.
Ich verschloss die Tüte mit einem Gummiband.
Und dann vergrub ich sie an einem geheimen Ort.

Eines Abends sagte Sufi:
„Ich gehe fort. Nach Qom. Hier ist es mir zu
gefährlich. In Qom leben viele Afghanen.
Sie arbeiten in Steinfabriken.
Und sie halten fest zusammen."

„Du kannst nicht weggehen!", sagte ich.

„Komm doch mit", antwortete Sufi.

„Das kann ich nicht", sagte ich.
„Ich fühle mich wohl auf der Baustelle.
Und überhaupt ... wer hat dir eigentlich
von Qom erzählt?"

„Ein paar Jungs, die hier für eine andere Firma
arbeiten", sagte Sufi.

Dann zeigte er mir eine Telefon-Nummer auf
einem Zettel. Das war die Nummer von der Fabrik.
Ich schrieb die Nummer in mein Heft.
Das hatte mir einer der Männer aus dem Laden
als Geschenk mitgebracht.

Onkel Hamid. Er brachte mir auch bei,
besser zu lesen und zu schreiben.

Am nächsten Morgen war Sufi weg.
Danach glaubte ich, dass Schlafen ein Fehler ist.
Denn wenn man aufwacht, ist jemand weg.
Jemand, den man gern hat.
Erst meine Mutter. Jetzt Sufi.

Ich vermisste Sufi.
Vor allem nachts, wenn ich mich umdrehte.
Dann war er nicht da.
Und tagsüber in den Pausen, in denen wir immer
mit Steinchen auf Eimer warfen.
Vermissen spürt man an kleinen Dingen.

Eines Abends saß ich vor dem kleinen Fernseher.
Auf einem Kanal lief ein Film,
in dem zwei hohe Türme einstürzten.
Ich schaltete um. Doch da lief derselbe Film.
Onkel Hamid sagte:
„Das ist kein Film. Es hat Anschläge gegeben.
Das da ist in New York. Zwei Flugzeuge sind
in zwei riesige Büro-Häuser geflogen."

Es stellte sich heraus,
dass Al-Qaida hinter den Anschlägen steckte.
Damals wusste ich noch nicht, wie schlimm diese

Anschläge waren. Für mich war es schlimm, dass Sufi weg war. Wenn du keine Familie mehr hast, bedeuten dir Freunde nämlich alles.

Die Zeit verging. Stunden, Tage, Wochen, Monate.
Ich hätte so gerne eine Armband-Uhr gehabt!
Dann hätte ich sehen können,
wie schnell die Zeit vergeht.

Irgendwann war das Haus fertig.
Wir kamen auf eine andere Baustelle.
Ich beherrschte meine Arbeit immer besser.
Aber ich war immer noch recht klein.

Die neue Baustelle lag in einem Dorf in der Nähe von der berühmten Stadt Isfahan.
Ich begann, die Baustelle manchmal zu verlassen.
Im Dorf waren die Leute nett zu mir.
Ich sprach ihre Sprache schon recht gut.
Sah ich Frauen mit vollen Taschen,
die vom Einkaufen kamen? Dann half ich ihnen.
Sie strichen mir dann freundlich über den Kopf.
Und manchmal schenkten sie mir etwas Süßes.
Ich glaubte schon, dass ich mein neues Zuhause gefunden hatte.

Der Besitzer eines Ladens im Dorf nannte mich im Scherz Chili-Schote.

Er sagte immer:
„Sag nicht, dass die Chili-Schote klein ist.
Probiere lieber, wie scharf sie ist.“

Wir verstanden uns gut.

Nach ein paar Monaten wollte ich Sufi besuchen.
Die Telefon-Nummer der Fabrik in Qom hatte ich gut aufgehoben.
Die Sekretärin holte Sufi ans Telefon.
Wir freuten uns beide.
Ich versprach, ihn zu besuchen.

Und das tat ich. Ich nahm den Bus nach Qom.
Sufi holte mich vom Bus-Bahnhof ab.
Wir umarmten uns. Ich blieb eine Woche.
Nachts schlief ich heimlich in der Fabrik.
Wir spielten Fußball mit anderen afghanischen Jungs. Es war wirklich schön dort.
Aber ich wollte nicht umziehen.
Nicht jetzt, wo ich ein neues Zuhause gefunden hatte. Darum fuhr ich wieder zurück
auf meine Baustelle.

Polizei

Doch dann geschah es.
Mitten am Tag.
Wir waren bei der Arbeit.
Ich mischte gerade Kalk und Zement.
Da hörte ich Autos.
Ich dachte, das wären die Lieferanten.
Aber es war die Polizei.
Sie kamen von mehreren Seiten.
Fliehen war unmöglich.
Es hat auch keiner versucht.
Jeder ließ fallen, was er gerade in der Hand hatte.
Ich dachte an die Lager, von denen man mir erzählt hatte. Die Polizisten richteten ihre Waffen auf uns.

Sie trieben uns auf dem Hof zusammen.
Zu Onkel Hamid sagten sie:
„Hol das Geld!"

Onkel Hamid lief ins Haus.
Er kam mit einem Umschlag zurück.
Da war genug Geld drin für unsere Rückreise nach Afghanistan. So ist das im Iran.
Wird man weggeschickt?
Dann muss man die Reise selber bezahlen.
Hat man das Geld nicht?
Dann kommt man in ein Lager.

An den schmutzigsten Ort der Welt.
Dort muss man putzen. Alles, was dreckig ist.
Doch selbst wenn alles geputzt ist, dann ist das
immer noch der dreckigste Ort der Welt.

Zum Glück kamen wir nicht in eines der ganz
schlimmen Lager. Die Polizisten rasierten uns
die Köpfe kahl. Und lachten uns dabei aus.
Sie trieben uns zusammen wie Schafe.
Dann stiegen wir in Lastwagen.
Sie fuhren uns nach Herat in Afghanistan.
Sie schlugen uns mit Stöcken,
als wir aussteigen sollten.

Jeder regelte sofort die Rückreise in den Iran.
Das war dort kein Problem.
Denn in Herat gibt es viele Schlepper.
Sie wissen, dass die meisten Männer im Iran
Geld versteckt haben. So wie ich auch.

Also fuhr ich mit einem Lastwagen wieder zurück.
Diesmal war es gefährlicher als auf der ersten Reise
in den Iran. Wir hatten Drogen im Laster.
Und wir wussten:
Wenn wir den falschen Polizisten an der Grenze
erwischen, dann sind wir so gut wie tot.
Doch wir hatten Glück.
Der Polizist bekam Geld von uns und ließ uns durch.

Ich ging sofort zurück zur Baustelle.
Onkel Hamid war noch nicht da.
Ich fand mein Geld dort, wo ich es vergraben hatte.
Zwei Arbeiter hatten alles bewacht.
Die Polizei hatte sie nicht gesehen,
als sie uns abholten.
Doch es war nicht mehr sicher auf der Baustelle.
Darum rief ich Sufi an.
Ich wartete nur noch auf Onkel Hamid.
Von ihm wollte ich mich verabschieden.
Dann ging ich zur Bus-Haltestelle.
Es war ein schöner Tag.

Wie konnte ich so einfach gehen?
Darüber dachte ich nicht nach.
Ich wollte einfach freier atmen können.
Keine Angst mehr haben.
Ich hoffte auf ein besseres Leben.

Ich hatte mir eine iranische Zeitung gekauft.
Ich dachte: Dann glauben die Polizisten bestimmt,
dass mit mir alles in Ordnung ist.
Ein Mädchen mit Schleier setzte sich im Bus
neben mich. Das Mädchen duftete wunderbar.
Ein Mann las ein Buch. Ein Kind sang ein Lied.
Wir hatten die Hälfte der Strecke hinter uns.
Da stoppte der Bus.
Ich konnte nicht sehen, warum.

Das Mädchen sagte:
„Polizei-Kontrolle."

Der Busfahrer drückte auf einen Knopf.
Die Türen öffneten sich zischend.
Niemand sprach mehr.
Der erste Polizist stieg ein. Ganz ruhig.
Er hatte den Bügel seiner Sonnen-Brille im Mund.
Ich tat so, als ob ich schlief.
Aber der Polizist war nicht dumm.
Er sah mich trotzdem und zupfte an meinem Pulli.
Ich tat immer noch, als ob ich schlief.
Da trat er mir gegen das Bein.

„Komm mit", sagte er. Sonst nichts.
„Wohin?", wollte ich wissen.
Doch er antwortete nicht.
Er setzte seine Sonnen-Brille auf.
Obwohl es im Bus dunkel war.
Das Mädchen duftete immer noch wunderbar.
Als ich aus dem Bus gestiegen war,
gingen die Türen hinter mir zischend zu.
Der Bus fuhr ohne mich weiter.

Ich konnte nur noch an die beiden Lager denken,
von denen man mir erzählt hatte.
„Ich kann zahlen", sagte ich sofort.
Doch die Polizisten wollten davon nichts wissen.

Wir kamen bei der Polizei-Wache an.
Einer der Polizisten schubste mich.
Ich stellte mir einen Folter-Keller vor.
Einen Brunnen, in dem Schädel lagen.

Die Polizisten führten mich in eine Küche.
Dort sollte ich abwaschen.
Ich bekam die Krusten kaum von den Töpfen ab.
Es kamen noch vier Jungen aus Afghanistan.
Als wir in der Küche fertig waren, mussten wir Autos
und Lastwagen entladen und wieder beladen.
Immer wieder. Jedes Mal, wenn die Polizisten ein
Auto oder einen Lastwagen kontrolliert hatten.

Ich blieb dort drei Tage.
Wenn ich müde war, setzte ich mich auf den Boden.
Ich legte meinen Kopf zwischen die Beine.
So versuchte ich zu schlafen.
Bis mir ein Polizist einen Fußtritt gab und rief:
„Los, aufwachen!“
Am Abend des dritten Tages ließen sie mich gehen.
Ich weiß nicht, warum.
Die anderen Jungen mussten bleiben.
Ich habe sie nie wieder gesehen.

Ich erreichte Qom zu Fuß und fand Arbeit
in der Fabrik, in der auch Sufi arbeitete.
Dort waren 40 bis 50 Leute.

Meine Aufgaben waren:
einkaufen und Essen machen.
Ich war also der Einzige, der das Gelände verließ.
Das war gefährlich.
Aber es ging nun mal nicht anders.

Überall in der Steinfabrik war Wasser und Lärm.
In der Luft hing Steinstaub. Manchmal verlor einer der Arbeiter einen Arm oder eine Hand.
Wir arbeiteten viel. Oft 14 Stunden am Tag.

Eines Tages fragte ein afghanischer Junge:
„Kannst du Fußball spielen?"
Ich sagte ja. Der Junge lud mich zu einem Turnier ein.
Es sollte am nächsten Tag stattfinden.
Ein Turnier zwischen zwei Fabriken.

In der Fabrik gab es nur arbeiten, essen und schlafen.
Doch der Freitag-Mittag war frei.
Dann konnte jeder machen, was er wollte:
sich mit Freunden treffen, Wäsche waschen oder eben Fußball spielen. In der Mannschaft waren nur Afghanen. Arbeiter aus drei oder vier Fabriken.
Das Fußball-Spielen machte Spaß.
Obwohl ich manchmal ganz schön müde war.

Eines Tages verletzte ich mich bei der Arbeit.
Ich hob einen großen Stein hoch.

Dabei verlor ich das Gleichgewicht. Der Stein fiel.
Er knallte auf dem Boden auseinander.
Doch ein Teil flog gegen mein Bein.
Er zerfetzte meine Hose. Er schlitzte meinen Stiefel auf, meine Wade und meinen Fuß.
Bis auf den Knochen. Ich blutete. Ich schrie.

Ein Fabrik-Leiter kam angerannt.
Doch er kümmerte sich nicht um mich.
Der Stein war ihm wichtiger.
„Steh auf!“, schrie er. „Sofort! Der Stein ist wertvoll!
Sammle die Einzelteile auf!“

Ich verlor viel Blut. Meine Hose war nass vom Blut.
Es lief mir in den Stiefel.
Doch ich hob die Teile des Steins auf.
Ich wundere mich noch heute,
dass ich nicht in Ohnmacht gefallen bin.

Danach hüpfte ich auf einem Bein weiter.
Ich machte die Wunde sauber und verband sie.
Dazu musste ich ein Stück Haut abreißen.
Ich habe noch heute eine Narbe.
Mit Fußball war jedenfalls erst mal Schluss.

Kugeln

Wegen der Wunde arbeitete ich eine Weile
nur in der Küche. Beim Einkaufen sah ich
in einem Schaufenster eine Armband-Uhr.
Sie war aus Gummi und Metall.
Und sie war nicht teuer.
Ich hatte mir schon so lange eine Uhr gewünscht.
Denn ich wollte gerne ein besseres Gefühl für die
Zeit bekommen. Ich wollte ablesen können,
wie ich älter wurde.
Ich zählte mein Geld. Ja, ich hatte genug.
Also betrat ich den Laden und kaufte die Uhr.

Danach war ich sehr glücklich. Meine erste Uhr!
Das Ziffernblatt funkelte in der Sonne.
Ich wäre gerne nach Nawa gelaufen.
Dann hätte ich sie meinem Bruder zeigen können.
Der hätte mich sehr beneidet.

Eines Nachts kam die Polizei in die Fabrik.
Sie brachen das Tor auf.
Danach weckten sie uns mit Fußtritten.
Sie hatten Lastwagen, die uns sofort zur Grenze
brachten. Ich wurde schon wieder abgeschoben!
Ich konnte es nicht glauben!
Und wieder mussten wir unsere Abschiebung
selber bezahlen.

Die Fahrt zur Grenze war die Hölle.
Die Männer am Rand fielen fast runter.
Und die in der Mitte drohten zu ersticken.
Schweiß. Keuchen. Schreie.
Hinter der Grenze kippten die Polizisten uns vom Lastwagen. Wie Müll.
Kurz dachte ich:
Ich gehe nicht zurück in den Iran.
Ich gehe nach Nawa. Nach Hause. Zu meiner Mutter, meiner Schwester, meinem Bruder.

Doch dann dachte ich an einen Mann in Pakistan.
Ich hatte ihm einen Brief für meine Mutter gegeben.
Ich wollte, dass sie mich abholt. Nach Hause bringt.
Doch der Mann hatte gesagt:
„Sei froh, dass du hier bist.
In Afghanistan weißt du nie,
ob du abends noch lebst.
Dort dürfen Hazara nichts.
Immer hat jemand etwas an ihnen auszusetzen.
Der Bart ist zu kurz. Der Turban sitzt schief.
Abends darfst du nicht auf der Straße rumlaufen.
Wegen jeder Kleinigkeit kannst du erschossen werden. Sei deiner Mutter dankbar, dass sie dich hergebracht hat."

Ich steckte die Hände in meine Hosen-Taschen und holte tief Luft. Dann suchte ich mir einen Schlepper,

der mich wieder in den Iran bringen konnte.
Doch dieses Mal gab es ein Problem:
Die Polizisten an der Grenze wollten nicht nur
unser Geld haben. Sie wollten alles.
Obwohl wir doch fast nichts hatten.
Wir mussten uns an die Wand stellen.
Ein Polizist guckte, ob unsere Taschen leer waren.
Manche von uns schlug oder trat er.
Auch mir schlug er ins Gesicht.
Er wollte nicht glauben, dass ich nichts mehr hatte.

Und er hatte ja auch recht.
Ich hatte noch was. Meine Uhr.
Er verzog enttäuscht das Gesicht.
Die Uhr war ja fast nichts wert.
Aber für mich war es doch meine erste Uhr!
Trotzdem nahm er sie mir ab.
Dann ließen sie uns endlich gehen.

Hinter der Grenze fuhren wir bis zur nächsten
Stadt. Doch irgendetwas stimmte nicht.
Wir fühlten uns immer noch nicht sicher.
Und tatsächlich: Ein Polizei-Auto bremste.
Polizisten schrien: „Anhalten!“
Wir sprangen vom Lastwagen und rannten los.
Die Polizisten schossen auf uns.
Mit Maschinen-Gewehren.
Ich wusste, wie sie sich anhören.

In Afghanistan hatte ich oft Schüsse gehört.
Die Kugeln pfiffen mir um die Ohren.
Ich rannte und dachte an Nawa.
Wie die Frauen den Reis mit Holzlöffeln umrühren.
Wie wir Drachen steigen lassen in den Hügeln.
Ich dachte an das Erdloch,
in dem ich mich immer versteckt hatte.

Ein Mann neben mir wurde getroffen.
Er fiel und bewegte sich nicht mehr.
Ich versuchte mir vorzustellen,
dass ich kleiner war als die Kugeln.
Unsichtbar.
Oder durchlässig, wie Rauch.
Ich wollte keine Angst mehr haben müssen.
Damals beschloss ich, in die Türkei zu gehen.

Neuer Mut

Am Anfang meiner Flucht dachte ich ständig
an meine Familie und mein Dorf.
Inzwischen dachte ich oft Tage oder sogar Wochen
nicht an sie. Ich war jetzt etwa 14 Jahre alt.
So ganz genau wusste ich das nicht. Seit vier Jahren
war ich fort von zu Hause. Davon hatte ich ein gutes
Jahr in Pakistan gelebt. Und drei Jahre im Iran.

Sufi war nach Teheran gegangen,
um dort auf einer Baustelle zu arbeiten.
Ich blieb noch in der Steinfabrik.
Denn ich wollte genug Geld für die Reise in die
Türkei verdienen. Ich brauchte viel, viel Geld.
Mit einem Freund sprach ich über meinen Plan.
Und so fand ich heraus, dass ich für die Flucht
zehn Monate arbeiten musste.
Ohne etwas auszugeben.
Wie sollte ich das schaffen?

An einem Freitag spielten wir wieder Fußball.
Mein Freund kam zu mir,
zusammen mit ein paar anderen Afghanen.
„Hör zu“, sagte mein Freund. „Wir alle wollen in
die Türkei gehen. Wir haben genug Geld gespart.
Auch für dich. Nicht nur, weil wir Freunde sind.
Gemeinsam reisen ist auch besser.

Wenn mal was ist, kann man sich gegenseitig
helfen. Es ist eine gefährliche Reise.
Gefährlicher als alle Reisen zuvor.
Das musst du wissen.
Willst du mit uns kommen?"

Ich stimmte zu. Denn ich wollte weg.
Die Sonne schien. Der Himmel war fast gelb,
so heiß war es. Ich riss einen vertrockneten
Grashalm aus und lutschte auf ihm herum.
„Ich bin zu allem bereit", sagte ich.
„Es gibt vieles, was ich noch nie gesehen habe.
Das Meer zum Beispiel."

Damals wusste ich noch nicht,
dass Berge töten können.
Ich hatte keine Ahnung, was mich erwartete.
Wir hatten viele Geschichten gehört.
Von denen, die zurückgekommen sind.
Geschichten über Männer, die erfroren sind.
Die von Grenz-Polizisten erschossen wurden.
Die im Meer ertrunken sind.
Ein Junge hatte die Hälfte seines Gesichts verloren.
Er war von einem Lastwagen geschleudert worden.
Bei einem Unfall.

Mir reichte eine einzige gute Geschichte.
Von irgendwem, der es geschafft hatte.

„Wenn der es geschafft hat, schaffe ich es auch",
dachte ich. Und so versuchte ich,
neuen Mut zu fassen.

Ein Junge aus einer anderen Fabrik wollte auch
fliehen. Er erzählte uns, dass sein Cousin
ein Schlepper sei.
Dann musste es ja gutgehen!
Wir packten unsere Sachen und holten unseren
Lohn beim Fabrik-Besitzer ab.
Dann stiegen wir in einen Bus nach Teheran.
Der Schlepper erwartete uns schon.
Er brachte uns zu sich nach Hause.

Er gab uns den Auftrag, für die Flucht
einige Dinge zu kaufen:
Essen, regenfeste Kleidung und Bergschuhe.
Und frische Kleidung für die Zeit nach der Flucht.
Wir kauften Schuhe, und der Mann schaute sie sich
sorgfältig an.
„Ihr werdet drei Tage unterwegs sein.
Die Schuhe sind gut genug", sagte er.

Ich bin mir sicher, dass er uns nur beruhigen wollte.
Er hatte selber keine Ahnung.
Denn seine Aufgabe war ja nur,
uns an den nächsten Schlepper zu übergeben.
Er selber kannte die Strecke überhaupt nicht.

Im Bus saßen Männer, Frauen und Kinder.
Wir fuhren in Richtung Grenze.
Dabei kamen wir an einem großen See vorbei.
Die tief stehende Sonne beschien das Wasser.
Auf kleinen Fels-Inseln saßen tausende Vögel.
Zugvögel. Flamingos und Pelikane.

Als wir ausstiegen, war es dunkel.
Gemeinsam liefen wir los. Ohne Taschen-Lampen.
Am frühen Morgen erreichten wir ein kleines Dorf.
Wir betraten eine Hütte. Die gehörte zwar einer
Familie. Doch hier versammelten sich wohl auch
die Menschen, die flüchten wollten.

Am Ende waren etwa 30 Menschen in der Hütte.
Wir wunderten uns. Wie konnten so viele Leute
unbemerkt über die Berge flüchten?
Doch die Schlepper machten uns klar,
dass wir keine Fragen mehr stellen sollten.

Am Abend des zweiten Tages ging es los.
Über uns war ein Himmel voller Sterne.
Der Mond war groß und hell, sodass man keine
Lampen oder Fackeln brauchte.
Nach einer Weile sahen wir eine andere Gruppe.
„Soldaten!“, rief einer von uns.
Doch es waren noch mehr Menschen,
die in die Türkei wollten. Jetzt waren wir schon 60.

Hintereinander liefen wir über Bergpfade.
Dann kam noch eine kleine Gruppe.
Sie hatte in der Kälte auf uns gewartet.
Dicht zusammengekauert. Ich zählte 67 Menschen.

Die fünf Schlepper teilten die Gruppe auf.
Afghanen in eine Gruppe, Kurden in eine Gruppe.
Und so weiter. Die Schlepper wollten keinen Streit.
Wir liefen weiter auf einem sehr schlechten Pfad.
Auf einmal stellte sich ein Hirte in unseren Weg.
Der Anführer der Schlepper gab dem Mann Geld.
Der Hirte nahm das Geld und ging weiter.
Als er an mir vorbeikam, guckte er mir in die Augen.
So, als ob er mir etwas sagen wollte.
Ich wusste nur nicht, was.

Nachts marschierten wir.
Tagsüber versuchten wir zu schlafen.
Am Ende der dritten Nacht fragte ich:
„Wie lange dauert es noch?"
Schließlich sollte die Reise drei Tage dauern.
Das hatte der Cousin gesagt.
Der Schlepper antwortete, ohne mich anzusehen:
„Noch ein paar Stunden."

Meine Beinmuskeln waren hart wie Zement.
Vor unseren Mündern bildeten sich Atem-Wolken.
Unsere Knie taten weh.

Die Sonne ging unter.
Etwa dort, wo mein Dorf lag. Nawa.
Wir umrundeten den Gipfel eines Berges.
Die Strahlen der Sonne ließen
die Berge aufleuchten.

Jeder suchte sich einen Platz zum Ausruhen.
Unsere Haut schälte sich.
Aber das ließ sich nicht ändern.
Bei Sonnen-Untergang befahlen uns die Schlepper
aufzustehen.
Es war die fünfte Nacht.
„Wie weit ist es noch?“, fragte ich wieder.

„Nur noch ein paar Stunden“,
bekam ich erneut als Antwort.

Wir jungen Afghanen kannten felsiges Gelände am
besten. Unsere Körper waren an die Höhe gewöhnt.
Aber dieser Berg hörte gar nicht mehr auf.
Zehn Tage und Nächte gingen vorbei.

Zwei Flaschen

Wir kletterten gerade mühsam einen Felsen hoch.
Da rutschte ein Junge aus.
Mehrere Meter glitt er im Schnee nach unten.
Wir schrien:
„Halt! Einer von uns ist in Lebens-Gefahr!“
Doch die Schlepper schossen mit ihren Gewehren
in die Luft.
„Wer nicht sofort weitergeht, bleibt für immer hier“,
sagten sie.

Wir versuchten dem Jungen zu helfen.
Wir griffen ihm unter die Arme.
Doch er war zu schwer. Und wir waren zu müde.
Als wir hinter einer Kurve verschwanden,
hörte ich noch kurz seine Stimme.
Dann gar nichts mehr.
Der Wind hatte seine Rufe verschluckt.

Am 15. Tag gab es eine Messer-Stecherei.
Ein Mann war verletzt.
Auch er musste zurückbleiben.
Am 18. Tag sah ich in der Ferne Menschen sitzen.
Als wir näher kamen, verstand ich:
Sie sind tot. Erfroren.
Schweigend liefen wir vorbei.
Einem klaute ich die Schuhe.

Meine waren längst kaputt.
Ich hatte blaue Zehen von der Kälte.
Die Schuhe passten. Sie waren viel besser als meine.
Ich bedankte mich bei dem Toten.
Manchmal träume ich heute noch von ihm.

Bisher hatten wir immer Essen bekommen,
das jemand mit einem Pferd gebracht hatte.
Doch nun waren wir zu weit oben in den Bergen.
Am 22. Tag bekamen wir alle nur noch
ein hart gekochtes Ei.

„Haben wir es jetzt fast geschafft?“,
fragte ich einen der Schlepper.

„Ja“, sagte er. „Wir haben es fast geschafft.“
Ich glaubte ihm kein Wort.

Am 26. Tag lag der Berg endlich hinter uns.
Zum ersten Mal zählten wir, wie viele von uns
noch übrig waren. Es fehlten zwölf Personen.
Ich hatte gar nicht gemerkt,
dass sie verschwunden waren.

Unsere Gesichter waren rot verbrannt von der
Sonne. Die Haut war aufgerissen und blutig.
Wir erreichten einen Treffpunkt.
Dort erwarteten uns Türken.

Wir mussten uns in Kreisen umeinander herumsetzen. So konnten wir uns ein wenig vor der Kälte schützen. Wer in der Mitte saß, musste nach einer Weile wieder an den Rand. Und so weiter.

Am 27. Tag begann der Abstieg.
Aus dem Berg wurden Hügel.
Ich sah Wälder, Wiesen, Bäche und Felder.

Am 29. Tag erreichten wir Van.
Es war der erste türkische Ort, in den wir kamen.
Van liegt am Vansee.
Unsere Flucht hatte an einem See begonnen.
Und jetzt waren wir an einem anderen See angekommen.

In der ersten Nacht schliefen wir versteckt in einem Getreidefeld.
Einige Bauern brachten uns etwas zu essen und zu trinken. Sie waren Freunde der Schlepper.
Ich hätte mir gerne etwas anderes angezogen.
Alles war dreckig und zerrissen. Aber meine sauberen Kleider musste ich aufheben.
Für Istanbul.

Am nächsten Morgen scheuchten die Schlepper uns auf mehrere Lastwagen.

Wir fuhren zu einem riesigen Stall.
Dort standen aber keine Kühe.
Dort saßen nur Leute, die auf der Flucht waren.
Aus Pakistan, aus Afghanistan.
Es gab Streit zwischen verschiedenen Gruppen.
Daraufhin verprügelten die Türken uns alle.

In der fünften Nacht im Stall wachte ich auf.
Draußen war das Geknatter von Motoren zu hören.
Wir mussten unsere Sachen packen.
Die Türken teilten uns in Gruppen auf.
Dann musste jeweils eine Gruppe nach draußen.
Als wir an der Reihe waren, sah ich einen riesigen
Lastwagen. Mit einem ebenso riesigen Anhänger.
Er hatte Steine und Kies geladen.

Der Schlepper zeigte auf die Lade-Fläche.
„Steigt ein!", sagte er.
Ich verstand nicht, was er meinte.
Bis ich die Lücke sah.
Der Lastwagen hatte einen doppelten Boden!
Oben lagen die Steine und der Kies.
Unter der Lade-Fläche war ein schmaler Raum frei.
Ich wollte es nicht wahrhaben.
Ich hätte wissen müssen,
dass das nicht gutgehen kann.
Doch wir stiegen ein.
In die Finsternis.

Jeder bekam zwei Flaschen.
Eine volle mit Wasser. Eine leere zum Reinpinkeln.
Wir hockten uns in den Hohlraum.
Die Arme um die Knie geschlungen.
Den Kopf zwischen den Beinen.
50 Leute steckten die Schlepper in den engen Raum.
Ich konnte kaum atmen.
Wenn ich durch die Nase atmete, spürte ich nur Staub.
Wenn ich durch den Mund atmete,
tat mir die Brust weh.

Wir fühlten uns wie eine Handvoll Reis,
die eine Faust zusammendrückt.
Wir spürten das Gewicht der Steine über uns.
Ich hoffte, dass es eine kurze Fahrt werden würde.

Plötzlich hielten wir an. Ich war erleichtert.
Doch dann hörte ich, dass der Fahrer nur
zum Pinkeln ausstieg.
Selber dachte ich nur die ganze Zeit:
Nein, ich muss nicht pinkeln ...
Nein, ich muss nicht pinkeln ...

Irgendwann konnte ich nicht mehr denken.
Alles in mir schrie vor Schmerz.
Es stank fürchterlich. Nach Urin. Nach Schweiß.
Manchmal hörte ich Schreie in der Dunkelheit.
Irgendwann fing jemand an zu jammern.

„Wasser", sagte die heisere Stimme.
In einem Tonfall, den ich nicht beschreiben kann.
Irgendwann schrie auch ich: „Wasser!"
Ich wollte nicht zuhören, wie da jemand stirbt.
Aber keiner tat was.

Also kroch ich über die Leiber der anderen.
Fäuste trafen mich. Dann erreichte ich den Jungen,
zu dem die Stimme gehörte. Ich sah ihn nicht.
Doch ich ertastete sein Gesicht.
Er jammerte immer noch.
„Wasser, Wasser ..."

Doch alle hatten ihr Wasser ausgetrunken.
Bis auf einen. Aber er wollte es mir nicht geben.
Da kroch ich zu ihm hin. Ich schlug ihn.
Nur, um die Flasche mit dem Wasser zu bekommen.
Danach kroch ich wieder zu dem jammernden
Jungen. Ich fühlte mich gut dabei.

Ein Schlauchboot

Die Fahrt dauerte drei Tage.
In dieser Zeit sind wir nicht ausgestiegen.
Dann endlich sahen wir Licht.
Die Schlepper rollten uns aus dem Hohlraum.
Wie einen Sack Zwiebeln. Keiner von uns konnte
sich bewegen. Die Durchblutung war unterbrochen.
Die Füße waren geschwollen. Der Hals verrenkt.
Jede Bewegung tat höllisch weh.

Wir lagen in einer Garage.
Mit Hunderten von anderen.
Nach einer ganzen Weile konnte ich mich langsam
wieder bewegen. Ich suchte einen Ort zum Pinkeln.
Das letzte Mal war drei Tage her.
Ich hatte es mir einfach verkniffen.

Die Toilette war ein Loch im Boden.
Ein furchtbarer Schmerz schoss mir durch die Beine.
Und durch den Magen. Ich fürchtete, ohnmächtig
zu werden. Ich schloss meine Augen.
Als ich sie wieder öffnete, sah ich Blut.
Ich pinkelte Blut.
Auch in den Wochen danach pinkelte ich Blut.

Zwei Tage später musste ich in ein Auto steigen.
Zusammen mit anderen Jungen aus Afghanistan.

Die Schlepper verbanden uns die Augen.
Wir fuhren kreuz und quer durch die Stadt.
So wussten wir nicht mehr, wo wir herkamen.
Irgendwann ließen die Schlepper uns in einem Park aussteigen. Jeden an einer anderen Stelle.

Ich nahm die Augen-Binde ab.
Überall funkelten die Lichter der Stadt Istanbul.
Erst da begriff ich: Ich habe es geschafft!

Ich setzte mich hin und lehnte mich an eine Mauer.
Mehrere Stunden saß ich einfach nur da.
Ich roch Essen, Blumen und das Meer.
Dann schlief ich ein.

Eine Unterkunft für die Nacht fand ich nicht.
Ich schlief einfach im Park.
Ich versuchte, andere Afghanen zu finden.
Ohne Erfolg.
Doch bald wusste ich, wo ich Arbeit finden konnte.
Ich musste mich morgens an eine bestimmte Stelle in der Stadt setzen.
Dort fuhren Männer vorbei, die Arbeiter suchten.
War man einverstanden mit der Art der Arbeit und der Bezahlung?
Dann ging man mit.
Abends bekam man sein Geld.
Die Arbeit war hart.

Oft habe ich mich gefragt, ob ich nicht einen Fehler gemacht habe. Doch dann dachte ich an den Iran. Die Angst vor Kontrollen. Die Abschiebungen. Dann fand ich: So ein Park ist gar nicht so schlecht.

Eines Abends spielte ich Fußball mit ein paar Afghanen. Sie arbeiteten in einer Näherei.
Dafür bekamen sie keinen Lohn.
Denn sie wollten nach Griechenland.
Jemand von der Fabrik sollte das regeln.

„Wie wollt ihr denn nach Griechenland kommen?", fragte ich.
„Mit einem Schlauchboot", sagte einer.
Noch eine Reise?
Ich dachte an das Gebirge.
An den Lastwagen mit dem doppelten Boden.
Und jetzt das Meer? Es machte mir Angst.
Ich konnte mich im Fluss kaum über Wasser halten.
Im Mittelmeer würde ich ertrinken.

„Ich möchte hier in Istanbul Arbeit finden", sagte ich.
„Hier gibt es keine gute Arbeit", sagten die Jungs.
Trotzdem versuchte ich es noch mehrere Monate.
Doch es war wirklich schwierig.
Ich entschied mich, doch mit den Jungs zu gehen.
Doch wie? Ich hatte nichts gespart.

Also dachte ich mir eine Lüge aus.
„Ihr solltet mich mitnehmen.
Denn ich spreche Englisch.
Und das kann in Griechenland sehr nützlich sein.
Dafür müsst ihr aber meine Reise bezahlen."
Ich kannte nur ein paar englische Wörter.
Aber das hat die Jungs überzeugt.

In der Woche vor dem Aufbruch konnte ich
drei Tage arbeiten.
Von dem Geld kaufte ich neue Kleidung.
Ein Schlepper fuhr uns in die Nähe der Küste.
Auf einem Hügel gab uns der Schlepper
einen großen Pappkarton.
Er zeigte auf das Meer und sagte:
„Dort liegt Griechenland. Viel Glück."
Der Jüngste in unserer Gruppe
war gerade mal zwölf.

Im Karton fanden wir ein Schlauchboot.
Nicht aufgepumpt natürlich. Außerdem Ruder,
einen Blasebalg, Schwimmwesten und Klebeband.
Klebeband?
Ich verstand nicht, wozu wir das brauchten.

Wir verteilten den Inhalt des Kartons.
Jeder zog eine Schwimmweste an.
Es war dunkel geworden.

Wir mussten noch drei oder vier Kilometer zum Strand laufen. Unterwegs hörten wir plötzlich komische Geräusche.
„Kühe!“, sagte einer.
„Ziegen!“, meinte ein anderer.
Plötzlich rannten die Tiere auf uns zu.
Wir ließen uns in einen Graben fallen.

„Schweine!“, rief einer. „Wilde Schweine!“
Wir warteten, bis sie weg waren.
Dann liefen wir weiter zum Strand.
Doch dann hörten wir es bellen.
Dieses Mal waren es wilde Hunde.
Mit scharfen Zähnen.
Also rannten wir wieder weg.
Wieder sprangen wir in einen Graben.
Der war jedoch tiefer, als wir gedacht hatten.
Wir purzelten einen Hang hinunter.
„Das Schlauchboot!“, rief ich.
„Da dürfen keine Löcher reinkommen!“

Zum Glück hatten wir nur Kratzer und blaue Flecken. Doch dann sahen wir, dass die Schwimmwesten kaputt waren.
Wir wollten die Überfahrt trotzdem probieren.
Doch in dieser Nacht war es schon zu spät.
Wir brauchten etwa drei Stunden bis zur griechischen Insel Lesbos.

Das hatte der Schlepper gesagt.
Wir wollten aber nicht im Hellen ankommen.
Das war zu gefährlich.

Wir einigten uns darauf,
in der nächsten Nacht loszufahren.

„Lasst uns einen Schlaf-Platz suchen. Weit vom Meer entfernt", sagte einer der älteren Jungs.
„Dann kann uns keine wilde Welle angreifen."
Der Junge zwinkerte uns zu.

„Oder ein Krokodil",
meinte der Jüngste der Gruppe ernst.

„Im Meer gibt es keine Krokodile",
erklärte der ältere Junge. „Ich bin mir sicher."

„Ja ja", erwiderte der Jüngste.
„Dabei kannst du ja nicht mal schwimmen!"

„Du doch auch nicht!", meinte der ältere.

„Ich wäre mir doch nicht so sicher", sagte der Jüngste und schaute aufs Meer.
„Im Dunkeln kann sich alles Mögliche verstecken."

Wellen

Am nächsten Tag schliefen wir aus.
Wir dachten nicht darüber nach,
wie gefährlich die Überfahrt war.
Der Tod kam uns sehr weit weg vor.
Gegen Mitternacht liefen wir los.
Am Strand pumpten wir das Schlauchboot auf.
Eigentlich waren wir alle zu schwer für das Boot.
Doch wir dachten einfach nicht darüber nach.

Dann bemerkte plötzlich einer von uns
Lichter auf dem Meer. Die Küsten-Wache!
Wir rannten in den Wald.
Das Schlauchboot ließen wir am Strand liegen.
Ob sie uns gesehen hatten?
Wir trauten uns nicht, zurück zum Strand zu gehen.
Wir entschieden uns,
erst in der nächsten Nacht loszufahren.

Ich konnte nicht schlafen.
In der Gruppe war ich der Älteste.
Und auch der Einzige, der wenigstens ein bisschen
schwimmen konnte. Alle hatten Angst.

In der dritten Nacht zogen wir uns bis auf die
Unterhosen aus. Unsere Sachen packten wir
in Plastik-Tüten. Die klebten wir zu.

Wir pumpten das Schlauchboot wieder auf.
Ich hielt es fest und watete ins Wasser.
„Jungs", rief ich erstaunt. „Im Meer gibt es Felsen!"
Mehr konnte ich nicht sagen.
Denn ich rutschte aus. Ich fuchtelte mit den Armen.
Gleichzeitig hielt ich das Boot fest.
Die anderen stiegen ein.
Der Jüngste der Gruppe sagte:
„Beeil dich! Sonst knabbern die Krokodile
deine Füße an!"

Auch ich kletterte an Bord.
Wir packten die Ruder und schlugen aufs Wasser.
Ich schlug so hart, dass mein Ruder zerbrach.
Niemand von uns wusste, wie man rudert.
Das Boot drehte sich ständig im Kreis.

Die Wellen warfen uns gegen einen Felsen.
Das Boot ging zum Glück nicht unter,
aber nun hatte es ein Loch.
Wir zogen es wieder an Land.
Dort klebten wir ein Stück Klebeband auf das Loch.
Dazu brauchten wir das Klebeband also!

Der Jüngste sollte zur Sicherheit auf die kaputte
Stelle drücken. Zu zweit setzen wir uns auf die linke
Seite. Zwei andere setzten sich rechts hin.
Endlich konnte es losgehen.

Gegen Mitternacht wurde das Meer unruhig.
Ständig schwappte Wasser ins Boot.
Ich zerriss eine Flasche aus Plastik mit den Zähnen.
Mit der halben Flasche schöpfte der Jüngste
Wasser aus dem Boot.

Wir ruderten und ruderten.
Aber irgendwie kamen wir nicht weiter.
Wir wussten nicht mehr,
wo die Türkei war und wo Griechenland.
Der Jüngste bekam immer mehr Angst.
Vor Walen, vor Krokodilen.
Er wollte umkehren. Zwei andere auch.

„Ich sterbe lieber auf dem Meer,
als dass ich zurückfahre!“, sagte ich.

So kam es mitten auf dem Meer zum Streit.
Die Wellen warfen uns hin und her.
Es war wie eine Achterbahn.
Allerdings kannte ich damals noch
gar keine Achterbahn.
Wir stritten uns immer mehr.
Ja, wir prügelten uns sogar.

Der Jüngste weinte.
„Ich schöpfe die ganze Zeit brav das Wasser
aus dem Boot. Und ihr prügelt euch!“, sagte er.

Und dann tauchte plötzlich die riesige Fähre auf.
Wir sahen sie erst, als sie schon ganz nahe war.
Anhalten tat sie allerdings nicht.
Riesige Wellen entstanden.
Einer der Jungs konnte sich nicht mehr festhalten.
Er fiel aus dem Boot.

Wir suchten ihn in den Wellen.
Wir riefen seinen Namen.
Wir fuhren hin und her, um ihn zu finden.
Doch er war und blieb verschwunden.

Gute Menschen

Irgendwann schliefen wir vor Erschöpfung ein.
Als wir wach wurden, ging die Sonne auf.
Nicht weit entfernt sahen wir Land. Eine Insel.
War das Griechenland? Die Türkei?
Es war uns egal. Wir ruderten und ruderten.
Unsere Beine waren steif vom langen Knien.
An den Händen hatten wir Wunden.

Als wir näher an die Insel kamen,
sah einer von uns eine Fahne auf einem Hügel.
Sie bewegte sich stark im Wind.
Doch wir erkannten blaue und weiße Streifen.
Wie auf der Fahne von Griechenland.

Das Wasser wurde flacher.
Wir stiegen aus dem Boot.
Die Tüten mit unserer Kleidung waren weg.
Auf dem Meer aus dem Boot gefallen.
Wir hatten also alle nur Unterhosen an.
Ich schlug vor, erst mal alleine loszugehen.
Das war sicherer als in einer Gruppe.
Ich musste versprechen,
dass ich auch wirklich wiederkomme.

Ich kletterte einen Hügel hinauf.
Hinter ein paar Bäumen sah ich Häuser.

Da war ein Supermarkt.
Familien im Urlaub.
Alte Herren, die spazieren gingen.
Ein Eisladen mit vielen Menschen
in einer langen Schlange.
Ein Spielplatz.

Ich wollte in den Supermarkt gehen.
Nur ein bisschen Obst mitnehmen.
Und vielleicht Badehosen, um nicht so aufzufallen.
Ein Polizei-Auto fuhr vorbei.
Ich versteckte mich zwischen den Pflanzen.

Dann kroch ich zur Hintertür von dem Supermarkt.
Niemand durfte mich sehen.
Mein nackter Fuß berührte die kalten Fliesen.
Ich hörte bekannte Stimmen.
Da liefen die anderen Jungen!
Sie hatten nicht auf mich gehört.
Eine Verkäuferin guckte sie erstaunt an.

Kleidung gab es keine. Essen schon.
Jeder nahm sich etwas.
Doch wie sollten wir hier wieder rauskommen?
Die Hintertür war jetzt zu.
Wir rannten durch die Gänge zum Ausgang.
Ein Mann schrie irgendwas.
Vielleicht war er der Besitzer des Supermarktes.

Draußen kamen wir allerdings nicht weit.
Da versperrte uns ein Polizei-Auto den Weg.
Drei riesige Polizisten stiegen aus.
Kurz darauf saß ich auf dem Rücksitz.
Neben mir saß der Jüngste aus unserer Gruppe.
Die anderen hatten es wohl geschafft,
wegzurennen.

„Pakistani?", wollte ein Polizist wissen.
„Afghani? Ja, ihr seid Afghanen. Das rieche ich
schon von Weitem. Ihr kleinen Ratten!"

Auf der Wache sperrten sie uns in einen kleinen
Raum. Ich hatte keine Angst vor Schlägen.
Ich hatte Angst, dass sie unsere Finger-Abdrücke
haben wollten. Nur dort, wo die Finger-Abdrücke
abgenommen werden, kann man um Asyl bitten.
Nirgendwo sonst. Man kann nicht mehr weiter.

Wir beschlossen, die Polizisten so richtig zu nerven.
Wir heulten und jammerten.
Wir wollten etwas zu essen haben.
Wir wollten etwas zu trinken haben.
Danach mussten wir auf die Toilette.
Dann heulten und jammerten wir weiter.
Zwischendurch guckte ich mir die große Karte
an der Wand an. Dort war die ganze Insel drauf.
Ich prägte mir alles gut ein.

Irgendwann hatten die Polizisten genug
von unserem Gejammer.
Sie zerrten uns aus der Polizei-Wache und riefen:
„Geht dahin zurück, wo ihr hergekommen seid!"
Wir hatten es geschafft.

Die anderen Jungs fanden wir am Strand.
Auf der Karte in der Wache hatte ich gesehen,
wo wir waren. Und auch, wo wir hinmussten.
Nämlich in den Ort, von dem aus
die Fähre nach Athen fuhr.

Wir kamen an eine Straße.
Es war so heiß wie in einem Ofen.
Wir schwitzten schon im Stehen.
Der Jüngste stellte sich an die Straße.
Dort hielt er den Daumen hoch.
Er hoffte, dass ein Auto uns mitnehmen würde.
Ich zog ihn weg.
„Was machst du da?", fragte ich.
„Gleich ruft wieder jemand die Polizei!"

Ich wollte gerne gemeinsam weiterlaufen.
Doch die anderen waren müde.
Sie hofften auf ein Auto.
Ich lief ein Stück alleine weiter.
Am Rand der Straße war ein kleiner Laden.
Und eine Tankstelle.

Daneben stand eine alte Telefon-Zelle.
Ich betrat sie und nahm den Hörer in die Hand.
Von dort aus konnte ich die anderen Jungs sehen.
Ich wollte wissen, was sie machen würden.

Dann kam das Polizei-Auto.
Mit Blaulicht, aber ohne Sirene.
Die Jungs rannten los.
Doch die Polizisten holten sie ein, nahmen sie fest
und schlugen sie. Ich musste alles mit ansehen.
Ich kniete in meinem Versteck.

Das Polizei-Auto fuhr weg.
Ich stieg aus der Telefon-Zelle und rannte los.
Ich rannte über einen Feldweg.
Ohne zu wissen, wohin. Meine Lunge brannte.
Ich legte mich auf den Rücken,
um wieder zu Atem zu kommen.
Danach lief ich weiter. Ich kam an einem Hof vorbei.
Der Ort hatte etwas Beruhigendes.
Das Haus war von einer niedrigen Mauer umgeben.
Ich kletterte rüber.
Ein Hund war im Hof angebunden. Er bellte.
Ich versteckte mich hinter einem Busch.
Dann schlief ich ein.

Irgendwann weckte mich sanft eine alte Dame.
Ich sprang auf und wollte wegrennen.

Doch die Dame bat mich ins Haus.
Sie gab mir etwas Leckeres zu essen.
Danach durfte ich duschen.
Sie gab mir schöne Kleider:
ein blau gestreiftes Hemd, Jeans und Turnschuhe.
Es war unglaublich, dass sie die Kleider zu Hause hatte. Genau in meiner Größe.

Die Dame redete viel.
Auf Englisch und auf Griechisch.
Ich verstand kaum ein Wort.
Doch zwischendurch nickte ich
oder schüttelte den Kopf.
Später brachte sie mich zum Bus-Bahnhof.
Sie kaufte mir eine Fahrkarte und gab mir 50 Euro.
Ich weiß noch, dass ich dachte:
Es gibt enorm gute Menschen.

Im Anhänger

So kam ich in die Stadt, von der aus ich
nach Athen reisen konnte. Unglaublich, aber wahr.
Im Hafen sah ich viele andere afghanische Jungen.
Sie trieben sich dort schon tagelang herum
und versuchten, eine Fahrkarte zu kaufen.
Man sah sofort, dass sie keine normalen Reisenden
waren. Darum jagte man sie immer wieder weg.

Vielleicht lag es an meiner Kleidung.
Vielleicht lag es daran, dass ich satt und zufrieden
aussah. Jedenfalls ging ich zum Schalter
und verlangte eine Fahrkarte.
Die junge Frau war hübsch.
„38 Euro, bitte", sagte sie.

Ich schob den 50-Euro-Schein durch den Schlitz.
Sie gab mir eine Fahrkarte und 12 Euro.
Ich sagte „thank you" – danke.
Die anderen Afghanen staunten.
Manche glaubten mir nicht, dass ich die Karte
einfach so gekauft hatte.

Die Fähre war riesig. Fünf Stockwerke hoch.
Ich setzte mich entspannt in einen Sessel.
Nicht in ein Schlauchboot.
Nicht in den Hohlraum eines Lasters.

Plötzlich fing meine Nase an zu bluten.
Zum ersten Mal in meinem Leben.
Ich rannte auf die Toilette.
Dort hielt ich meinen Kopf unter den Wasserhahn.
Das Blut tropfte.
Ich hatte das Gefühl,
dass alle Erschöpfung aus mir raustropfte.
Der Wüstensand.
Der Staub der Straßen.
Der Schnee aus den Bergen.
Das Salz des Meeres.
Der Steinstaub aus der Fabrik.
Das Abwasser, das aus den Kanälen quillt.

Als das Bluten endlich aufhörte,
fühlte ich mich sehr gut.
So gut wie noch nie in meinem Leben.
Ich trocknete mir das Gesicht ab.

Draußen sah ich mich nach einem Sitzplatz um.
Aus Versehen stieß ich jemanden an.
„Entschuldigung“, sagte ich.
Ich wollte schon weitergehen.
Doch dann sah ich genauer hin.
Das war doch nicht möglich!
Da saß ein Junge, den ich aus dem Iran kannte.
Vom Fußball-Spielen. Er hieß Jamal.
Wir umarmten uns.

Jamal konnte kaum glauben, dass ich erst
vor einem Tag auf die Insel gekommen war.
Und dass ich jetzt schon auf der Fähre saß.
Bei ihm hatte es vier Tage gedauert,
bis er eine Fahrkarte bekommen hatte.
80 Euro hatte er jemandem gegeben.
Der hatte die Karte für ihn gekauft.

In Athen kauften wir uns einen Kaffee
in einem Papp-Becher. Er schmeckte schrecklich.
Doch wir behielten die Becher in der Hand.
Wie die Touristen. So fielen wir nicht auf.

In einem Park trafen wir afghanische Jungen.
Als es dunkel wurde, zogen sie Pappkartons unter
einem Baum hervor. Ihr Zuhause war der Park.
Und der Park wurde auch unser Zuhause.

Jemand erzählte von einer Kirche.
Dort konnte man Frühstück bekommen.
In einer anderen Kirche gab es Mittag-Essen.
Dort musste man erst eine Seite aus der Bibel lesen.
So musste man sich das Mittag-Essen verdienen.
Da wollte ich lieber verhungern!
Das dachte ich allerdings nur eine halbe Stunde lang.
Dieser verdammte Hunger!
Ich tat so, als würde ich die Bibel lesen.
Danach bekam ich das Essen.

„Ihr hattet Glück gestern",
sagte ein Junge neben mir.
„Wieso?", wollte ich wissen.
„Na, dass keine Polizei gekommen ist",
meinte der Junge. „Manchmal nehmen sie alle mit.
Dann zwingen sie uns, woanders zu schlafen.
Und dann gibt es noch diese Männer,
die kleine Jungen mögen."

Jamal und ich suchten an dem Abend
eine dunkle Ecke im Park.
Wir wollten einen sicheren Platz zum Schlafen
haben. Auch wenn es sowieso nicht so sicher ist,
in einem Park zu schlafen.

In diesem Sommer waren die Olympischen Spiele
in Athen. 2004. Es war der vierte Sommer,
nachdem ich mein Dorf Nawa verlassen hatte.
Viele Sport-Stätten waren noch nicht fertig.
Darum gab es viel Arbeit.
Die Stadt wollte ja alles rechtzeitig fertig haben.

Es gab sogar Arbeit an Samstagen und Sonntagen.
Die Jüngeren machten die leichtere Arbeit.
Abends bekam ich 45 Euro, für mich eine Menge Geld.

Als die Olympischen Spiele vorbei waren,
gab es keine Arbeit mehr.

Jamal und ich liefen einfach nur durch die Gegend.
Manche sagten:
„Ihr müsst nach London!"
Andere meinten, dass wir nach Norwegen gehen sollten. Oder nach Italien.

„In Italien liegt Rom. Und in Rom gibt es einen Park, in dem sich Afghanen treffen", sagte einer.

Ich wusste, dass in Italien ein Junge aus Nawa lebte.
Payam war sein Name.
Ich hatte keine Ahnung, wo er sich genau befand.

„Ich gehe weg", sagte ich eines Tages zu Jamal.
Ich blieb bis Mitte September in Athen.
Dann stieg ich in den Zug nach Korinth.
Es gab noch eine andere Stadt, von der aus man schneller nach Italien reisen konnte.
Doch dort sollte es Ratten geben.
In Korinth war die Polizei außerdem lockerer, erzählten manche.

In Korinth fand ich einen griechischen Schlepper.
Er half den Leuten, sich im Hafengebiet in Lastwagen zu verstecken. Dann musste man warten, dass der Lastwagen auf ein Schiff verladen wurde.
450 Euro wollte er dafür haben.
Doch mein Geld hatte ich Jamal gegeben.

„Nach der Fahrt rufe ich einen Freund an.
Der bringt dir dann das Geld“, sagte ich.
Der Schlepper war einverstanden.

Viele Male versteckte ich mich in einem Anhänger.
Oder zwischen den Rädern.
Doch jedes Mal fand mich die Hafen-Polizei.
Jedes Mal jagten sie mich weg.
Zum Glück nahmen sie mich nicht fest.

Irgendwann hatte ich keine Lust mehr.
Also sagte ich dem Schlepper: „Ich will alleine probieren, nach Italien zu kommen.“

Am Strand traf ich andere Afghanen.
Auch sie träumten davon wegzugehen.
Immer wieder gingen drei oder vier von uns in den Hafen. Dann kletterten wir auf Lastwagen.
Manchmal sogar zehn oder elf Mal am Tag.
Einmal habe ich es geschafft.
Doch der Laster fuhr gar nicht auf die Fähre nach Italien! Also musste ich schnell wieder runter.

Eines Abends versuchte ich es noch einmal.
Die Sonne ging gerade unter.
Im Hafen standen drei Anhänger übereinander.
Ich kletterte bis nach oben.
Dort machte ich mich ganz klein.

Ich schlüpfte in eine Öffnung.
Dann spürte ich, wie ein Kran die Anhänger
in ein Schiff hob.

Drei Tage war ich in diesem Schiff eingeschlossen.
Ohne Essen und Trinken.
Um mich herum war es dunkel. Dann hörte ich,
wie der Anker ins Wasser gelassen wurde.
Da fragte ich mich, wo ich wohl gelandet war.

Ein Lastwagen fuhr mit meinem Anhänger
vom Schiff. Nach etwa 15 Minuten hielt er an.
Wir standen auf einem Hof.
Um mich herum viele andere Laster,
Motorräder und Anhänger.

Ich blieb im Anhänger sitzen. Denn ich wusste:
Der Lastwagen musste erst ins Innere des Landes
fahren. Weg von der Grenze.
Dann erst durfte ich aussteigen.
Doch der Laster fuhr nicht weiter.
Stattdessen spürte ich eine Art Erdbeben.
Ich lehnte mich hinaus.
Ein riesiger Kran hatte den Anhänger gepackt.
Ich bekam Panik und ließ mich fallen.

Drei Männer arbeiteten in der Nähe des Krans.
Bei der Landung stieß ich einen Schrei aus.

Denn meine Beine waren wie aus Holz.
Sie taten weh.
Die Männer bekamen einen Schreck.
Ein Wachhund rannte weg.
Ich rannte zu einem Loch im Zaun.
Ich erwartete, dass sie mich festhalten würden.
Doch die Männer riefen nur:
„Go! Go! – Lauf weg!“

Payam

An der Landstraße stand ein Schild: Venedig.
Ich lief einfach los. Nach einer Weile begegnete ich
zwei Radfahrern. Sie hielten an.
Wahrscheinlich wegen meiner dreckigen Kleidung.
Oder wegen dem Teer in meinen Haaren.
Sie fragten mich, ob alles in Ordnung sei.
Und ob ich etwas brauchte.
Einer gab mir zwanzig Euro.
Sie zeigten mir, wo die nächste Stadt lag.
Ich lief weiter.
Und wunderte mich über die Freundlichkeit.

An einer Bus-Haltestelle standen ein paar Leute.
Ich fragte einen Jungen auf Englisch,
wo der Bahnhof ist: „Train station?“

Ich glaube, er war ein Engel.
Denn er nahm mich mit. Er stieg mit mir in den Bus.
In Venedig kaufte er mir etwas zu essen.
Er brachte mich zu einer Kirche. Dort bekam ich
neue Kleidung. Ich konnte mich sogar waschen.

Danach brachte er mich zum Bahnhof.
Er kaufte mir eine Fahrkarte nach Rom.
Vielleicht ist er mit der alten Dame
in Griechenland verwandt, dachte ich.

Ich wusste nicht, wie lange die Fahrt dauern würde.
Darum war ich sehr aufgeregt.
Ich wollte den richtigen Bahnhof nicht verpassen.
In Rom wusste ich, was ich zu tun hatte.
Das hatten mir die Leute in Griechenland erzählt.

Mir gegenüber saß ein dicker Mann.
Er klappte ein Notebook auf, um zu arbeiten.
Bei jedem Bahnhof fragte ich:
„Please, Rome? Please, Rome?“ – Bitte ... Rom?
Doch meine Aussprache war wohl nicht gut.
Denn der Mann verstand immer nur „Rum“.
Und ich begriff nicht, dass er mich nicht verstand.

Irgendwann wurde der Mann böse.
Er brüllte nur:
„No rum!“ – Kein Rum!
Er stand auf und ging.
Ich hatte Angst, dass er die Polizei holte.
Doch er kam mit einer Dose Cola wieder.
„No rum. Coca-Cola!“, sagte er.
Jetzt verstand ich noch weniger.
Erst regte er sich auf.
Und jetzt gab er mir was zu trinken?
Ich trank die Cola.
Vorsichtig fragte ich noch einmal: „Please, Rome?“
Endlich verstand er, was ich meinte.
„Roma. No rum. Roma!“

Ich nickte. Er fahre auch nach Rom, erzählte er.
Ich musste also einfach nur mit ihm zusammen
aussteigen. In Rom gab mir der Mann die Hand.
Dann trennten sich unsere Wege.

Mit dem Bus fuhr ich zu einem anderen Bahnhof.
Dort gab es viele Bettler. Afghanen sah ich keine.
Dann sah ich viele Menschen,
die in einer langen Schlange standen.
Sie erklärten, dass man dort Essen bekommt.
Von Mönchen. Ich stellte mich an.
Als ich dran war, gab mir ein Mönch
zwei Brote und zwei Äpfel.

Ich musste mir etwas einfallen lassen.
Geld wächst ja nicht nach, wie Pflanzen.
Ich dachte an Payam. Das war der Junge aus Nawa,
der irgendwo in Italien wohnte.
Ich fing an, ihn zu suchen.
Das war nicht so einfach.
Denn Italien hat ja ziemlich viele Einwohner.

Irgendwann traf ich jemanden,
der einen Freund in England hatte.
Der Freund hatte mal was von einem Payam erzählt.
Er kannte ihn aus einem Asylanten-Heim
in Süd-Italien. Natürlich gab es mehr Jungen
mit dem Namen Payam.

Aber trotzdem riefen wir den Freund in England an.
Der gab uns die Handy-Nummer von dem Payam,
den er kannte.

Ich wählte die Nummer und lauschte.
„Hallo?"
„Hallo", antwortete ich.
„Ich hätte gerne Payam gesprochen."
„Am Apparat", sagte er. „Mit wem spreche ich?"
„Mit Enaiatollah Akbari. Aus Nawa in Afghanistan",
erwiderte ich.

Dann war es eine Weile still.
„Das kann nicht sein! Von wo aus rufst du an?",
wollte er wissen.
„Aus Rom", antwortete ich.
„Wie kommst du denn nach Italien?", fragte Payam.

Er konnte es kaum glauben.
Darum stellte er mir Fragen zu unserem Dorf.
Und zu unseren Familien.
Ich konnte sie alle beantworten.
Da musste er mir glauben.
Es war tatsächlich Payam aus Nawa.

„Und wo willst du jetzt hin?", fragte Payam.
Ich hatte keine Ahnung. Also schlug er vor:
„Komm doch auch nach Turin!"

Ich stieg also wieder in den Zug.
Am Bahnhof in Turin erkannte ich Payam sofort.
Obwohl wir uns zum letzten Mal gesehen hatten,
als ich etwa neun war. Jetzt war ich um die 15.
Payam war zwei oder drei Jahre älter als ich.

Wir tranken einen Cappuccino.
Ich musste an die Menschen denken,
die so nett zu mir gewesen waren.
Und ich dachte: Wenn alle Italiener so nett sind,
will ich hier bleiben.

Payam brachte mich dann gleich zu einer Behörde
für Ausländer unter 18.
Denn ohne eine Aufenthalts-Erlaubnis konnte ich
nicht lange durchhalten, meinte er.
Wenn ich in Italien bleiben wollte,
musste ich mich bei der Behörde melden.

Die Sonne ging unter.
Durch die Straßen wehte ein starker Wind.
Als wir bei der Behörde ankamen, schloss sie
gerade. Payam erklärte einer Frau meine Lage.
Doch sie sagte, dass sie keinen Platz für mich haben.
Ich sollte erst mal eine Woche alleine
zurechtkommen und dann wieder zu ihr kommen.
Payam übersetzte, was sie sagte.
Wir bedankten uns und gingen.

Eine Familie

Payam lebte in einem Heim für Asylanten.
Dorthin konnte er mich nicht mitnehmen.
Ich wollte in einem Park schlafen.
Doch das wollte Payam ganz und gar nicht.
Er rief einen Freund an, der außerhalb von Turin wohnte. Bei ihm durfte ich übernachten.

Gemeinsam gingen wir zum Bus-Bahnhof.
Ich sollte nicht aussteigen, bis mich der Freund aus dem Bus holen würde.
Nach einer Stunde schaute ein Afghane in den Bus.
Ich ging mit ihm nach Hause.
Nach drei Tagen musste ich jedoch wieder weg.
Er hatte Angst, dass die Polizei mich findet.
Ich hatte mich zwar bei der Behörde gemeldet.
Aber ich war immer noch illegal in Italien.
Und der Mann wollte seine Aufenthalts-Erlaubnis nicht verlieren. Das konnte ich verstehen.

Ich hatte vor, dann doch in einem Park zu schlafen.
Schließlich hatte ich das schon öfter gemacht.
Doch Payam wollte das immer noch nicht.
Er bat noch jemanden um Hilfe.
Das war Danila.
Sie arbeitete bei der Stadt. Als Sozial-Arbeiterin.
Danila sprach noch einmal mit der Behörde.

Doch sie hatten einfach keinen Platz für mich.
Noch nicht einmal eine Besen-Kammer.

Also sagte Danila zu Payam:
„Bring ihn zu mir!“
Payam erklärte mir:
„Eine Familie nimmt dich bei sich auf.
Ein Vater, eine Mutter und Kinder.“

„Ich will nicht zu einer Familie“, sagte ich.
„Ich weiß nicht, wie ich mich dort verhalten soll.“

„Du musst einfach nur nett sein“, meinte Payam.
Ihm zuliebe gab ich nach.

Die Familie lebte außerhalb von Turin.
In einem Haus auf dem Land.
Als ich aus dem Auto stieg, kamen sofort
drei Hunde auf mich zugelaufen.
Hunde sind meine Lieblings-Tiere.
Da dachte ich: Das könnte klappen.

Im Haus bekam ich sofort Pantoffeln.
Sie sahen aus wie Kaninchen.
Mit Augen, Nase und so weiter.
Wir aßen gemeinsam zu Abend.
Vater Marco, Mutter Danila und die zwei Söhne.
Auch die Großmutter war da.

Auf dem Tisch lagen Messer, Gabeln und Servietten.
Ich hatte Angst, etwas falsch zu machen.
Darum ahmte ich alles nach, was die anderen machten: Hände auf die Tischplatte. Gerade sitzen.
Mund mit der Serviette abwischen.

Es gab eine Vorspeise und eine Hauptspeise.
Ich weiß noch, dass ich dachte:
Meine Güte, essen die viel!
Nach dem Essen zeigten sie mir mein Zimmer.
Dort stand ein Bett. Für mich ganz allein.
Ich bekam einen Schlafanzug.
Damals wusste ich nicht, was das war.
Ich schlief immer in meiner normalen Kleidung.
Also legte ich den Schlafanzug unter das Bett.

Die Jungs wollten mir Musik vorspielen.
Sie zeigten mir ihre Spielsachen.
Alle versuchten mir was zu sagen.
Doch ich verstand kein Wort.

Am nächsten Morgen gab es Frühstück.
Kekse, Pudding, Orangensaft. Unglaublich!
Ich will hier nicht mehr weg, dachte ich.
Das einzige Problem war die Sprache.
Danila und Marco wollten alles von mir wissen.
Und ich redete wie ein Wasserfall.
Auf Englisch und Afghanisch. Mit Händen und Füßen.

Ich wollte, dass sie meine Geschichte verstehen.
Aber wie viel sie wirklich verstanden, weiß ich nicht.

Dann kam der Tag, an dem ein Platz
in einem Asylanten-Heim frei wurde.
Da hielt ich es allerdings nicht aus.
Alle schrien sich an.
Niemand verstand mich oder konnte übersetzen.
Es war eher ein Gefängnis als ein Heim.
Man nahm mir mein Geld ab.
Und die Tür wurde von außen verschlossen.
Dabei hatte ich mich so an meine Freiheit gewöhnt!

Ja, es war sauber und warm.
Es gab genug zu essen.
Aber ich wollte arbeiten, etwas lernen.
Zwei Monate vergingen, ohne dass ich etwas
machen konnte. Ich konnte nicht mal etwas sagen.
Denn ich beherrschte die Sprache noch nicht.

Ich versuchte aus Büchern zu lernen,
die mir Danila und Marco geschenkt hatten.
Ansonsten guckte ich schweigend Fernsehen.
Ich schlief und aß. Auch das schweigend.
Ich durfte nicht einmal Besuch empfangen.
Danila und Marco wurden unruhig.
Sie kannten einen Lehrer, der schon öfter
im Heim gewesen war.

Der sollte mich ab und zu abholen
und zu einem Verein bringen.
Dort trafen sich Leute aus verschiedenen Ländern.

Payam und Danila waren auch da. Wie herrlich!
Endlich konnte ich wieder reden.
Ich bedankte mich bei Danila.
Ich sagte ihr, dass ich mich im Heim nicht wohlfühle.

Eine Woche später ging ich wieder in den Verein.
Danila nahm mich beiseite und flüsterte:
„Möchtest du gerne bei mir und meiner Familie
wohnen? Wir haben ja genug Platz.
Du kannst das Zimmer unter dem Dach haben."
Ich antwortete, dass mir das nicht nur gefalle.
Sondern dass das wirklich fantastisch sei.

Danila und Marco stellten den Antrag,
der dafür nötig war.
Ein paar Tage später holten sie mich ab.
Sie erklärten, dass sie jetzt meine Pflege-Familie
seien. Ich hatte ein Zuhause!
Eine Familie.
Drei Hunde, ein Zimmer und sogar einen Schrank
für meine Kleider.
Dass wir uns auch gern haben würden,
musste Danila nicht extra sagen.

Zweites Leben

So begann mein zweites Leben.
Zumindest war das der erste Schritt.
Ich brauchte trotzdem noch eine Anerkennung
als Flüchtling. Und eine Aufenthalts-Erlaubnis.

„Vielleicht solltest du einen Sprachkurs machen“,
schlug Danila vor.
Ich war begeistert.
Denn ich dachte an die Schule in Quetta,
die ich immer aufgesucht hatte.
Dort hatte ich jeden Tag die Kinder beim Spielen
beobachtet. Und jetzt durfte ich selber wieder
in eine Schule?

Ich belegte gleich drei Kurse.
Morgens verließ ich mit Danila das Haus.
Um halb zehn fing der erste Kurs an.
Danach besuchte ich den zweiten Kurs.
Und später am Tag den dritten.
Dann fuhr ich glücklich und erschöpft nach Hause.
Das machte ich ein halbes Jahr so.
Manchmal half mir Payam noch beim Übersetzen.

Im Juni machte ich den Hauptschul-Abschluss.
Die Lehrer meinten, das sei noch zu früh.
Doch die Zeit verstreicht nicht überall gleich schnell.

Im September meldete ich mich
bei einer Berufs-Schule an.
Ich wollte etwas Soziales machen,
also mit Menschen arbeiten.
Doch die Schule war nicht einfach.
Manchmal verstand ich überhaupt nicht,
was die Lehrer meinten.

Eine Lehrerin wollte wissen,
welche Schule ich vorher besucht habe.
„Keine", antwortete ich.
„Nur eine italienische Schule, ein halbes Jahr lang.
Dann habe ich den Hauptschul-Abschluss gemacht.
In Afghanistan bin ich nur kurz zur Schule
gegangen, als ich ganz jung war.
Aber der Lehrer lebt nicht mehr."
Mehr habe ich nicht erzählt.

Die Lehrerin regte sich auf.
Sie ging zum Direktor, um sich zu beschweren.
Sie war wohl der Meinung, dass ich nicht in ihre
Klasse gehöre. Zum Glück unterstützte mich
ein anderer Lehrer. Er verstand,
dass man Geduld mit mir haben musste.

An der Schule gab es einen Jungen mit einer
leichten Behinderung. Der hatte einen Hilfslehrer.
Ich durfte mich ein paar Monate zu ihnen setzen.

Ich lernte wie ein Wahnsinniger.
Bekam ich eine schlechte Note?
Dann ging ich sofort zum Lehrer und fragte,
wie ich das wieder hinbekommen kann.
Das ging den anderen sehr auf die Nerven.

Mit der Zeit wurde es besser.
Ich schloss Freundschaften.
Ich lernte, vieles mit anderen Augen zu sehen.
Manchmal staunte ich über das, was ich hörte.
Ich verglich es mit dem, was ich erlebt hatte.
Es war unglaublich, dass ich noch am Leben war.

Mein zweites Jahr an der Schule war fast vorbei,
als ich einen Brief bekam. Ich sollte nach Rom reisen.
Dort musste ich mich bei einer Behörde vorstellen.
Dort würde sich entscheiden, ob ich als politisch
Verfolgter anerkannt werde.
Ich hatte den Brief schon erwartet.
Ein anderer afghanischer Junge hatte ihn
Monate vor mir bekommen.
Die Behörde hatte entschieden, dass er nicht
als politisch Verfolgter anerkannt wird.

Der Junge war verzweifelt. Er weinte und schlug
die Hände vors Gesicht, das weiß ich noch.
Und ich verstand es nicht. Wie konnte das sein,
dass sie ihn nicht anerkannten?

Dann war ich an der Reihe.
Mit Marco und Danila fuhr ich nach Rom.
Wir waren pünktlich da.
Dann wurde mein Name aufgerufen.
Ich trat in einen Raum.

„Da ist dein Dolmetscher“, sagte einer.
„Den brauche ich nicht“, antwortete ich.
Sie waren erstaunt,
dass ich so gut Italienisch sprach.

Es ist auch ganz anders, wenn man sich direkt
unterhalten kann. Also ohne Dolmetscher.
Dann spürt der andere auch besser, was man meint.
Aus dem Mund eines Dolmetschers kommen
nur Wörter, keine Gefühle.

Wir haben fast eine Stunde miteinander geredet.
Ich erzählte von Nawa.
Von meinem Vater und meiner Mutter.
Von meiner langen Reise.
Und der ersten Nacht bei Marco und Danila.
Ich erzählte von den Albträumen,
die mich nachts quälen.
In diesen Träumen war ich auf der Flucht.
Oft fiel ich aus dem Bett.
Ich erzählte, dass ich mir zum Schlafen immer
eine geschützte Ecke suche.

Da sagte der Mann von der Behörde:
„Ich verstehe trotzdem nicht, warum du politisch verfolgt bist. So gefährlich ist das Leben in Afghanistan doch nicht."

Da zog ich die Zeitung hervor, die erst wenige Tage alt war. Eine Überschrift lautete:
„Afghanistan: Taliban-Kind schneidet einem Spion die Kehle durch".
Dabei ging es um ein Video.
Man sieht einen Jungen und einen Gefangenen.
Der Junge behauptet, dass der Mann ein amerikanischer Spion ist.
Er hält ein Messer in die Kamera.
Und dann sticht der Junge zu ...

„Ich hätte dieser Junge sein können", sagte ich.

Einige Tage später erfuhr ich,
dass ich als politisch Verfolgter anerkannt wurde.

Dann kam ich ins dritte Jahr an der Berufs-Schule.
Ich hatte schon lange Zeit nicht mehr an meine eigene Familie gedacht.
Lange hatte ich sie aus meinem Gedächtnis gelöscht. Ich musste erst mit mir im Reinen sein.
Ich musste mich sicher fühlen. Jetzt ging es mir gut.
In Italien. Mit Aufenthalts-Erlaubnis.

Ich rief einen Freund von früher im Iran an.
Dem erklärte ich, dass ich meine Familie sprechen wollte. Aber wie sollte ich sie erreichen?
Der Freund gab mir die Nummer seines Vaters in Pakistan. Denn er war sich sicher, dass der mir helfen konnte.

Der Vater versprach mir, meine Familie zu suchen.
Ich wollte sämtliche Kosten erstatten.
Schließlich musste der Mann in ein Kriegsgebiet reisen. Doch er sah es als seine Pflicht, mir zu helfen. Geld wollte er keines haben.

Einige Zeit geschah nichts.
Dann bekam ich eines Abends einen Anruf.
Es war der Vater von meinem Freund.
„Es war schwierig“, sagte er.
„Deine Familie ist aus Nawa weggezogen.
Auf die andere Seite des Tales.“

Dann sagte er:
„Warte, ich will dir jemanden geben.“
Meine Augen füllten sich mit Tränen.
Ich ahnte schon, wer ans Telefon kommen würde.

„Mama“, sagte ich.
Am anderen Ende war es still.
„Mama“, wiederholte ich.

Aus dem Hörer kam nur ein Seufzer.
Ein erleichterter Seufzer.
Ich konnte hören, dass meine Mutter auch weinte.
Seufzer voller Tränen.

Nach acht Jahren sprachen wir das erste Mal wieder miteinander. Diese Seufzer waren das einzige, was Mutter und Sohn sich sagen konnten.
Nach so langer Zeit.
Dann wurde die Verbindung unterbrochen.

Damals erfuhr ich, dass sie noch am Leben war.
Und ich begriff, dass auch ich noch lebte.
Keine Ahnung, wie ich das geschafft hatte.
Aber ich war noch am Leben.

Enaiatollah war gerade 21 Jahre alt geworden,
als er diese Geschichte zu Ende erzählt hat.
Seinen Geburtstag haben die Behörden festgelegt:
Es ist der 1. September.
Er hat soeben erfahren,
dass es im Meer tatsächlich Krokodile gibt.

Wörter-Liste

Seite 13: Taliban
Anhänger vom Islam, die die Regeln vom Islam besonders streng auslegen. Frauen dürfen nicht arbeiten. Mädchen dürfen nicht in die Schule gehen. Musik, Fernsehen und Kunst sind verboten. Wer sich nicht daran hält, wird unterdrückt oder ermordet. Vor allem in Afghanistan sind die Taliban sehr mächtig.

Seite 19: Chai
ein besonderer Tee

Seite 25: Dialekt
Die Art und Weise, wie man in einer bestimmten Gegend spricht. Dazu gehören die Aussprache und besondere Wörter, die man nur in dort kennt. Zum Beispiel: „Schrippe“ bedeutet in Berlin „Brötchen“.

Seite 31: Bauchladen
Ein Karton oder Kasten, den man sich vor den Bauch hängt. Darin hat man Dinge, die man verkauft.

Seite 32: Rupie
Name einer Währung. So wie „Euro“. Rupien gibt es in mehreren Ländern, zum Beispiel in Pakistan.

Seite 34: Basar
Marktviertel mit Läden und Verkaufs-Ständen

Seite 38: Moschee
Gebets-Haus für Muslime.

Seite 44: Schlepper
Menschen, die anderen bei der Flucht helfen.
Dafür bekommen sie Geld.

Seite 52: Illegaler
Illegal heißt: gegen das Gesetz. Ein Illegaler lebt in einem Land, wo er eigentlich nicht sein darf. Er lebt heimlich dort, ohne Ausweis oder Arbeits-Erlaubnis.

Seite 55: Al-Qaida
Eine Terror-Organisation. Sie wurde in den 1980er Jahren von Osama bin Laden gegründet. Al-Qaida will, dass auf der ganzen Welt die Gesetze des Islam gelten. Das will Al-Qaida mit Gewalt durchsetzen. 2001 starben in den USA fast 3000 Menschen. Al-Qaida flog damals drei Flugzeuge in wichtige Gebäude.

Seite 93: Asyl
Ein Zufluchts-Ort für Menschen, die in ihrem eigenen Land nicht mehr sicher sind. Zum Beispiel, weil sie politisch verfolgt sind (siehe unten).

Sie fliehen, um in einem anderen Land sicherer leben zu können. Asyl bedeutet, dass sie die Erlaubnis bekommen, in dem anderen Land zu leben.

Seite 106: Notebook
tragbarer Computer

Seite 110: Sozial-Arbeiterin
Ein Beruf. Ein Sozial-Arbeiter hilft einzelnen Personen, Gruppen oder Familien. Er unterstützt sie bei Problemen.

Seite 117: politisch Verfolgter
Jemand, der in seinem eigenen Land nicht mehr sicher ist. Entweder weil er eine bestimmte politische Meinung hat. Oder weil er einer bestimmten Volksgruppe oder Religion angehört. In seinem eigenen Land drohen ihm Gefängnis oder Folter. Oder er muss Angst haben, ermordet zu werden.

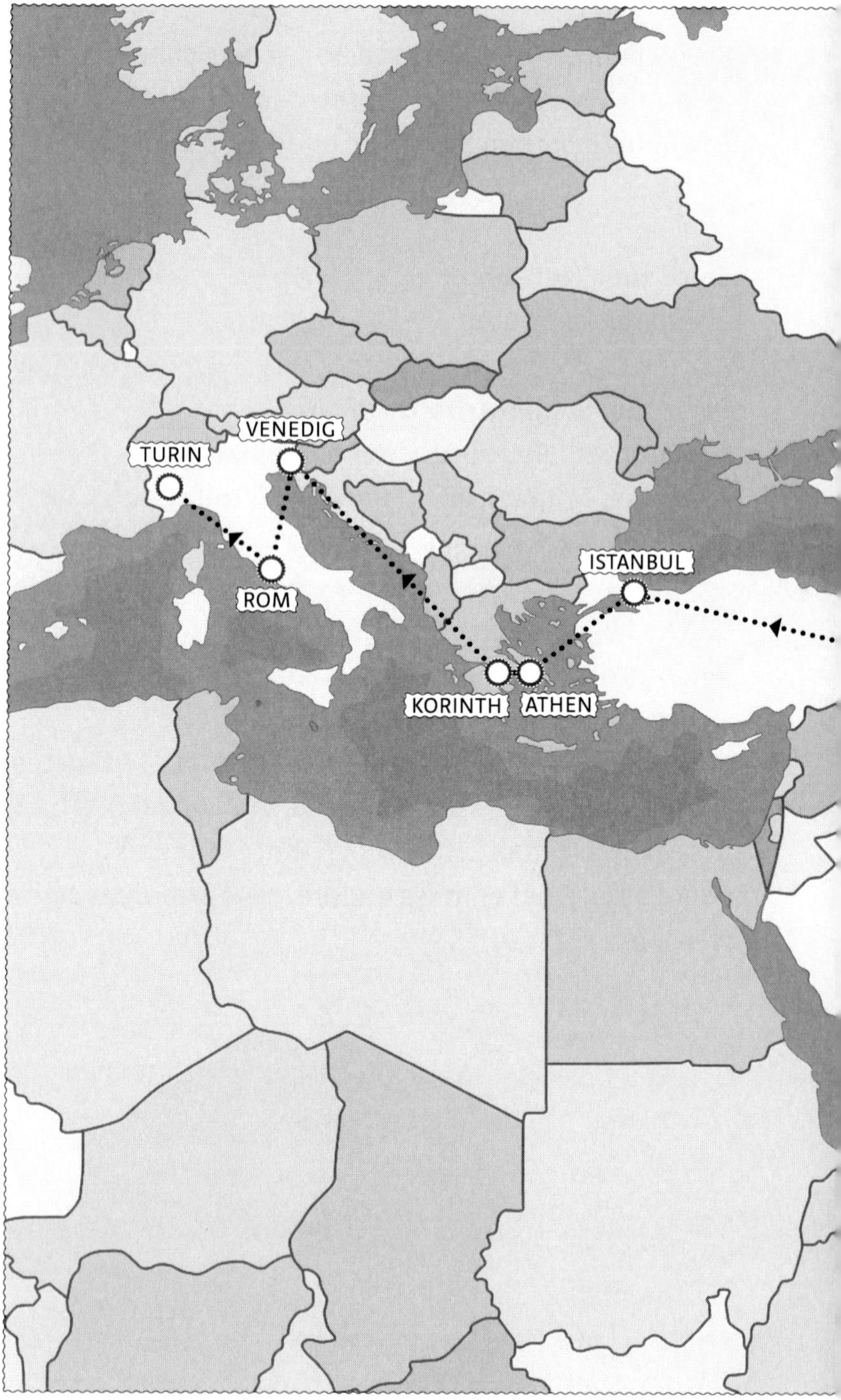
VENEDIG
TURIN
ROM
ISTANBUL
KORINTH
ATHEN

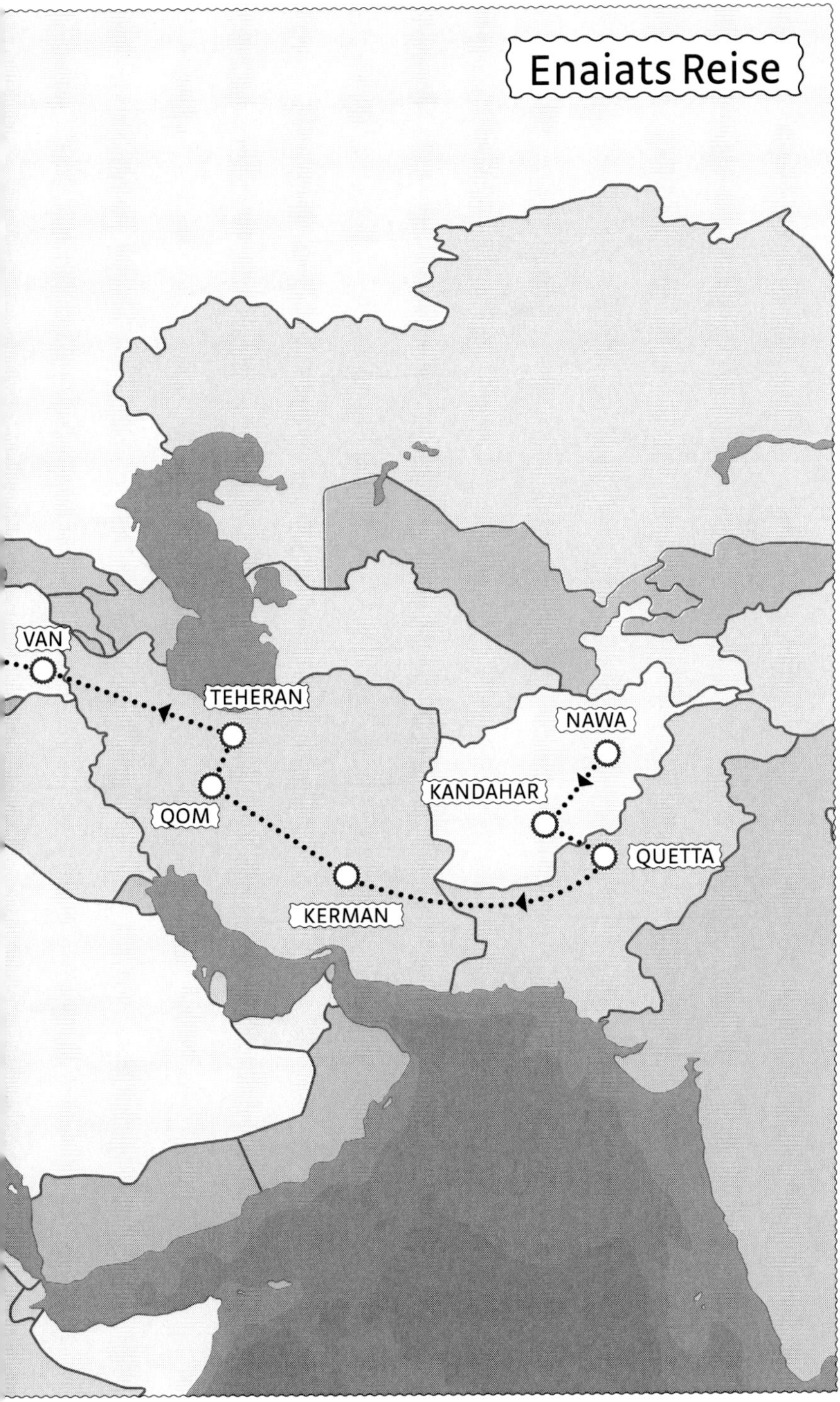
Enaiats Reise
VAN
TEHERAN
NAWA
KANDAHAR
QOM
QUETTA
KERMAN